나의 중년은 청춘보다
아름답다

나의 중년은 청춘보다 아름답다

중년의 인문학 럭셔리 배에 탑승하라

이미루 문현주(쥬디) 양진화(숨숨북) 김혜경(도우너킴)
문영옥(메이퀸) 이효진(채코) 최정희(할수) 호프맨 작가 지음

프롤로그

《나의 중년은 청춘보다 아름답다》는 8명의 작가가 중년의 위로를 주제로 쓴 글입니다. 이 책의 저자들은 30대에서 70대에 이르는 다양한 연령대의 사람들입니다. 저는 이들 중 가장 나이가 많습니다. 손자녀가 고등학교에 다니거든요. 어떻게 아들보다 어린 사람을 만나 책을 함께 내게 되었는지 이야기할게요. 우리 8명의 작가는 온라인 커뮤니티 '인문학 향기충전소'에서 만났습니다. 이들 작가와는 초고를 쓰고 출판사와 계약을 할 때까지도 직접 만난 적이 없습니다. 이 커뮤니티를 개설한 분은 《스니커즈는 어떻게 세상을 정복했을까》의 인문학 교양서 저자입니다. '호프맨 작가'라는 필명으로 활동하는데요. 인문학으로 세상에 희망을 전하고 싶은 작가님의 마음이 담긴 별명이지요.

  이 책을 내면서, 우리가 놀라운 세상에서 살고 있는 것을 다시 실감합니다. 제가 호롱불을 켜고 살 땐, 꿈속에서도 상상할 수 없었던 놀라운 세상이지요. 이 놀라운 세상을 누리기는 쉽지 않잖아요? 특히 나이가 든 사람은요. 인문학을 공부하면서 함께 성장하고 싶은 사람들의 모임인 '인문학향기충전소'에서 혼자서는 누릴 수 없는 것을 누릴 수 있었답니다.
  우리 작가들은 자칭, '인문학향기조향사'입니다. 자신과 세상의 한 모퉁이를 향기롭게 가꾸고 싶어 함께 모였어요. 꽃향기를 수집하여 여러 향을 섞어 새로운 향을 만들어 내는 조향사와 비슷한 일을 한답니다. 재료가 꽃이 아니라 인문학이지요.

  여러분, 인생에서 좋기만 하거나 나쁘기만 한 때는 없었지요? 저도 그랬답니다. 저는 중학교 때까지 호롱불 밑에서 살았습니다. 그 삶이 불편했지만 나쁜 것은 아니었습니다. 그때는 불편한지도 몰랐습니다. 다들 그렇게 살았으니까요.
  중년의 장점은 어떻게 살아왔든지 삶의 경험치가 쌓인 것이죠. 지금의 삶이 마음에 들지 않는다면 이 경험치를 활용해서 삶을 바꿀 수 있죠. 계속 전진하고 싶다면 그동안 쌓인 경험치가 전진하는 동력이 될 거고요. 가방끈 짧은 제가 아들 같은 젊은이들과 함께 글을 쓰고 책을 낼 수 있는 것도 평범하게 살아왔지만, 그동안 쌓인 삶의 경험치가 있어서이겠지요.

이 책의 저자들은 앞으로 중년을 맞이할 사람, 지금 중년을 사는 사람, 이미 중년을 겪은 사람들로 구성되어 있습니다. 중년을 맞이할 사람에겐 어떻게 중년을 준비해야 할지, 지금 중년인 사람에겐 당면한 현실을 어떻게 풀어나갈지, 노년에 후회하지 않으려면 어떻게 중년을 살아야 할지를 제시하고 있습니다. 즉 8명 작가들의 삶의 경험치가 녹아 있어요. 이것도 인문학의 향기 중 하나이겠지요.

《나의 중년은 청춘보다 아름답다》을 함께 쓴 작가님들의 마음을 대신 전합니다. 이 책이 중년에게 위로가 되고 활력이 되면 참 좋겠습니다.
여러분들과 이 놀라운 세상에서 인문학을 공부하고 성장하면서 함께 살아가고 싶습니다.

함께 쓴 사람들
: 이효진(채코) 작가, 문현주(쥬디) 작가, 문영옥(메이퀸) 작가,

양진화(숨숨북) 작가, 김혜경(도우너킴) 작가, 최정희(할수) 작가, 호프맨 작가, 이미루 작가

— **최정희**(할수) **작가**

목차

프
롤
로
그

나를 찾는 여정
이미루 작가
13

중년의 소원을 들어주고 싶은 작은 별
이효진(채코) 작가
55

인생의 프로에게 드리는 글
문현주(쥬디) 작가
91

중년의 등대
문영옥(메이퀸) 작가
129

삶이라는 별로 빛나는 당신에게
양진화(숨숨북) 작가
159

중년을 위한 행복 가이드
김혜경(도우너킴) 작가
193

살아 있는 것은 모두 반짝입니다
최정희(할수) 작가
231

르네상스의 별이 빛나는 밤의 당신에게
호프맨 작가
271

에
필
로
그

저서
《회사를 퇴사하고 갓생에 입사했습니다!》, 다빈치books(2023)

강연
2025.2. 충주 제조회사 임직원 A사 역량강화 교육
2025.1. 서울대학교 취업트렌드, 면접 특강
2024.11. 영월군청 9급 대상 역량강화 교육
2024.11. 영천군청 5급 역량강화 교육

소속
한국생산성본부 서부지부(파트너 강사)
한국강사에이전시(파트너 강사)
㈜에이블제이(파트너 강사)
나눔경영컨설팅(파트너 강사)
고려 경영컨설팅(파트너 컨설턴트)

활동
한국강사신문 칼럼니스트(2025)
투데이피플 칼럼니스트(2025)

수상
2025년 한국강사신문 명강사(생성형AI부문) 수상

SNS
www.blog.naver.com/jslee087
www.instagram.com/860_ost/
www.youtube.com/channel/UCNsiCZzBA1SgFBFHOysPnbQ

나를 찾는 여정

이미루 작가

차례

인사말

터닝포인트
.... 중년에 준비할 것 5가지

직업의 변화

자기계발

건강과 웰빙

취미와 여가생활

재정관리

이미루 작가

인사말

    2040년 한 중년의 남성은 호수를 걸으며 생각에 잠겨 있다. 미래의 당신이 조금 늦더라도 결국 원하는 곳을 향하길 바라며, 첫 번째 질문을 던진다. "52세가 되어도 여전히 불꽃 같은 인생을 살고 있는가?" 15년 동안 계속 타고 있었다면 그 끝의 수명이 다하는 곳은 어디인가? 현실의 무게가 짓누를 때, 두 번째 질문을 던진다. "당신은 정말 원하는 삶을 살고 있는가?" 불안과 불만이 동시에 담겼다면 원한다는 것, 살아간다는 것 만족을 할 수 있다는 건 잠시 스쳤단 이야기다. 따스한 햇살만 비춰준다면 스치는 인연도 충분히 붙잡을 수 있을 것이다.

누군가는 중년이 되어서야 내면의 목소리에 귀 기울이고 진정한 자신을 찾기 위해 여정을 시작한다고 한다. 잃어버린 꿈과 마주하고, 끝이 아니라 새로운 시작을 이야기하기도 한다. 불쏘시개의 땔감을 찾기 위해 숲과 산을 누비며 고급진 향이 나는 무언가를 찾으려 노력한다. 모든 것의 중심이 당신에게 다시 돌아온 순간이다. 지난 50년의 삶 이제는 보상받을 일만 남은 것이다. '행복한 중년의 시작' 말처럼 쉬울까? 이 구조를 이해하려면 자신 스스로에 대한 정체성과 뿌리 대한 복합성을 탐구해야 한다. 과거의 경험과 현재의 선택, 그리고 미래의 희망이 얽혀 있다는 뜻이다. 나를 지탱해 주는 모든 것이 때로는 힘들게 하는 무엇이 되기도 한다. 이것은 기회를 알려주는 좋은 신호가 되기도 하고, 소중한 것들을 돌아보게 하기도 한다. 마주한 문제를 하나씩 해결하다 보면 성찰의 깊이는 더해갈 뿐이다.

중년의 여정은 단순히 과거를 돌아보는 것이 아니라, 미래를 향한 새로운 비전을 세우는 과정이다. 이 시기에 접어든 많은 이들이 느끼는 불안과 불만은, 사실 자신이 진정으로 원하는 삶을 살고 있는지를 점검하는 기회가 된다. 이러한 질문은 단순한 자기반성이 아니라, 삶의 방향성을 재조정하는 중요한 계기가 된다. 중년의 삶은 과거의 경험을 바탕으로 현재를 살아가는 동시에, 미래를 준비하는 복합적인 과정이다. 이 시기에 접어든 사람들은 종종 자신이 이루고자 했던 꿈과 마주하게 된다. 잃어버린 꿈을 다시 꺼내어 보며, 그 꿈이 여전히 유효한지, 아니면 새로운 꿈으로 대체되어야 하는지를 고민하게 된다. 이 과정에서 자신이 진정으로 원하는 것이 무엇인지, 그리고 그것을 이루기 위해 어떤 노력을 해야 하는지를 명확히 할 수 있다. 또한, 중년은 관계의 재정립이 이루어지는 시기이기도 하다. 가족, 친구, 동료와의 관계를 돌아보며, 진정한 소통과 이해의 중요성을 깨닫게 된다. 이 시기에 형성된 관계는 단순한 인연이 아니라, 서로의 삶을 풍요롭게 만드는 중요한 요소가 된다. 진정한 관계는 서로의 내면을 이해하고 지지하는 데서 시작되며, 이는 중년의 삶을 더욱 의미 있게 만든다. 마지막으로, 중년의 삶은 자기 수용과 성장의 기회를 제공한다. 과거의 실수와 후회는 더 이상 짐이 아니라, 성장의 밑거름이 된다. 이 시기에 자신을 받아들이고, 새로운 가능성을 탐색하는 것은 삶의 질을 높이는 데 큰 도움이 된다. 중년은 끝이 아니라 새로운 시작을 알리는 시점이며, 이를 통해 더 나은 자신을 만들어 갈 수 있는 기회가 주어진다.

결국, 중년의 여정은 자신을 발견하고, 진정한 삶의 의미를 찾는 과정이다. 이 여정에서 마주하는 모든 경험은 소중한 자산이 되며, 이를 통해 더욱 풍요롭고 의미 있는 삶을 살아갈 수 있다. 중년의 삶은 불확실성과 도전으로 가득 차 있지만, 그 속에서 발견하는 자신과의 대화는 결국 더 나은 미래로 나아가는 길이 될 것이다. 2025년 현재를 살아가는 중년들과 2040년 중년이 될 나에게 이 책을 바친다.

이미루 작가

터닝포인트

    30대 중반에 들어선 나에게 있어서 이 주제를 처음 접했을 때 '어떤 이야기를 하는 것이 좋을까?'라는 의구심이 처음 들었다. 중년이라고 함은 인생의 중년, 즉 50대의 이야기일 수도 있고 내 나이 기준으로 하면 30대의 중반에 들어선 나의 이야기가 될 수도 있기 때문이다. 하지만 어느 나이에 있든 간에 인생의 전환점이라는 공통적인 주제는 누구나 가지고 있다. '터닝포인트', 그 이야기를 해보고자 한다.

    30대의 중년기, 보통 부모로부터 독립을 하고 새로운 가정을 꾸린다. 이는 30대의 입장에서는 부모로부터의 독립, 50~60대 부모의 입장에서는 자녀들의 독립을 의미한다. 이

때부터가 사실 나만의 인생, 즉 자녀도 홀로서기를 하는 시기이고 부모로써도 나의 제2의 인생을 살아갈 수 있는 전환점이라는 것에 공통적인 이야기라는 것은 모두가 공감할 것이다. 인생의 전환점에 진정으로 하고 싶은 것을 찾는다는 것은 정말 중요한 시기일 것이다. 자기발전과 성장을 위한 발돋움이 비로소 시작되는 것이다. 부모의 반대로 이루지 못했던 잊혀 있던 꿈을 새롭게 도전할 수도, 삶에 치여 잊고 지냈던 나의 옛꿈을 이룰 수 있는 아주 시기적절한 기회 아닌가.

중년의 나이가 되고 나면 자기 스스로의 모습을 돌아보고, 성찰하며 앞으로 어떻게 성장해 나갈 것인지에 대한 고민이 지속적으로 이어지는 시기일 것이다. 이는 이 글을 읽고 있는 독자들도 마찬가지일 것이다.

이 과정에서 우리는 평소에 해보고 싶었던 글쓰기, 사교댄스, 레저스포츠 등 다양한 경험과 배움을 통해 앞으로 나아가고자 발전하는 단계이며 새로운 목표를 설정하고 제2의 삶을 찬란하게 시작할 수 있는 적절한 시기를 마주하게 될 것이다.

물론 '이 또한 재정 관리가 어느 정도 되어 있는 사람에 한해서 이런 이야기를 논할 수 있을 텐데'라는 의견도 있을 수 있으나, 앞에서 말했듯 중년의 시기에는 여태까지 지내왔던 삶들을 정리하며 앞으로 나아가기 위한 전환점이라고 설명하였기에 이는 재정적인 문제에서 또한 동일하다. 여태껏 재정관리가 어떠했는지 돌아보며 앞으로의 은퇴 준비, 그리고 부족한 부분들을 채움에 있어서도 필요한 시기이기에 지금 내 삶의 중년에 와 있는 독자들과 함께 중년의 삶에서 어떠한 것을 준비하는 것이 좋을지 크게 5가지로 나눠 하나씩 이야기해 보고자 한다.

중년에 준비할 것 5가지

1. 직업의 변화
2. 자기계발
3. 건강, 웰빙
4. 취미와 여가생활
5. 재정관리

이미루 작가

직업의 변화

이 글을 읽고 있는 독자 중에는 은퇴를 앞두거나, 혹은 은퇴만을 기다리며 직장 생활을 하고 있는 사람들도 있을 것이다. 그들에게 "앞으로 은퇴하고 나서 어떤 직업으로 일을 할 것이냐?"라고 물어보면 "쉬어야지!"라는 답변이 돌아올 수도 있는데, 천만에! 이제는 100세 시대이다. 이는 마지막에 다룰 재정관리에서도 나누겠지만 중년기에 들어선 당신에게 직업이란 단순히 소득을 얻기 위함인가를 고민해 봐야 한다.

평생직장에 몸담고 정년퇴직을 한 이후에도, 소득창출을 위한 활동은 불가피할 것이다. 지금은 100세 시대이다. 제2의 삶을 시작하면서 기존과 다른 어떤 직업을 얻을 것인지에 대한 고민이 많을 것이다.

  이는 기존에 관심을 가졌던 직종에서 추가적인 아이디어를 얻을 수도 있지만, 지자체에서 운영하는 다양한 문화센터에서 교육을 통해서도 새로운 직업에 대한 힌트를 얻을 수 있다. 기존의 경력을 살리는 것도 물론 좋지만, 그동안 궁금해 왔던 직업에 대한 호기심을 가지고 탐구하는 것이 필요할 것이다. 아래 이미지는 1965년 한 신문에 실린 이모저모란 만화이다. 여기에는 당시 사람들이 상상하던 2000년대의 모습이 담겨 있다. 1960년대 당시는 한국의 경제개발붐이 막 시작되던 시기에서 가정용 텔레비전이 막 보급되던 시기에 불과했다.

현재 모습과 100% 일치한다고 이야기할 순 없지만 자율주행 자동차, 태양광 전기발전, 스마트폰과 같이 현재의 일상을 대변하는 기술들을 그림 곳곳에서 살펴볼 수 있다. 어떻게 이런 창의적인 생각들을 할 수 있었을까? 이 그림이 그려진 지 60년이 지난 2025년 현재, 60년 뒤 2085년 미래 모습을 생각하며 그림을 그린다면 어떤 그림이 나올까? 잘 상상이 되진 않지만 영국 옥스퍼드대학의 마이클 A. 오스본 교수는 현재 인간이 수행하는 노동의 80%가 AI 또는 로봇으로 대체될 것으로 예측하고 있다. 거센 돌풍을 잠재우고 모두에게 평화를 선물할 수 있는 건 도대체 무엇이란 말인가? 딱 한 가지 분명한 사실은 항상 과거보다 현재가 또 현재보다 미래가 살기 편하단 사실이다. 한 세기를 인간의 기술 발전의 서사로 시간별로 나열해 보자. 미래로 가면서 나빴던 적은 단 한 번도 없었다. 근로기준법, 국민연금, 실업급여, 기초생활수급, 장애인 복지 같은 정책들은 불과 30년도 안 되는 시간 동안 자리 잡은 평범한 사람들을 위한 법률이다. 모든 것들이 자리를 잡은 지금, 너무나 당연하다고 생각되는 것들이 알고 보면 기술 발전의 혜택에서 오는 수혜라고 이야기할 수 있다. 역사적으로 흘러가는 것, 그것 하나로 충분하다. 만약 그게 가능하다면 미래에는 더 높은 차원의 복지를 당연하게 누리고 있을지 모르는 일이다. 미래 직업에 대한 불필요한 걱정을 하기보단 역사적으로 흘러가는 산업의 흐름을 유심히 살펴보면서 시대에 발맞추는 것이 현명할 것이다. 한국의 실제 평균 퇴직 나이가 50세이건 60세이건 무슨 차이가 있냐는 말을 되묻고 싶다. 어차피 한번은 내 발로 걸어 나와야 하는 게 직장이다. 퇴직이란 건 어차피 정해진 수순이지 않은가? 준비만 되어 있다면 퇴직은 인생 2막, 즉 새로운 시작이니 이보다 기쁜 일은 없을 것이다. 통계청 자료만 보더라도 1970년대 한국의 평균 기대수명은 남자 58.7세, 여자 65.8세이다. 당시 퇴직 나이는 곧 사망 나이에 가까웠으니 퇴직하면 연금이나 받으면서 남은 인생 즐기는 게 당연한 엔딩이라면 지금은 30년 이상을 더 살아내야 하는 시대이다. 즐기면서도 충분히 행복할 수 있는 일을 찾아 인생의 행복과 금전적 욕구를 동시에 채워내는 직업을 찾는 게 중년의 숙제이다. 해결책을 묻는다면 직장에 올인이 아니라 자신에 올인하는 것, 내면의 자신을 꾸준히 들여다보고 스스로가 추구하는 삶이 어떤 건지 제대로 이해하고 준비하는 것뿐이다.

이제 우리는 중년기를 맞이하며, 새로운 직업에 대한 탐색과 준비가 필수적이라는 점을 인식해야 한다. 과거에는 정년을 맞이하면 자연스럽게 은퇴 후 여생을 즐기는 것이 일반적이었지만, 이제는 100세 시대에 접어들며 삶의 방식이 완전히 변화하고 있다. 따라서 퇴직 이후에도 경제적 활동을 지속하는 것이 우리의 선택이 되어야 한다. 변화 속에서 중요한 것은 우리가 원하는 직업을 찾고, 이를 위해 필요한 준비를 하는 것이다. 중년기에 접어든 사람에게는 그동안 쌓아온 경험과 지식을 바탕으로 새로운 분야에 도전할 수 있는 기회가 있다. 다양한 분야에서의 경험은 우리에게 넓은 시각을 제공하며, 이를 통해 새로운 직업에 대한 아이디어를 얻을 수 있다. '경험과 시각', 이 2가지는 중년이어야만 또는 중년만이 누릴 수 있는 가장 효율적인 일이라 생각한다. 왜냐하면 경험과 시각이 필요한 일들은 그 상황을 고스란히 겪어본 사람만이 가질 수 있는 시각이란 게 생기기 때문이다.

마블 시네마틱 유니버스에서는 빌런 타노스가 아이언맨에게 지식의 저주에 걸렸다고 말하는 장면이 밈이 되어 인터넷에 널리 퍼진 적이 있다. 지식의 저주(Curse of Knowledge)를 풀어서 이야기한다면 개인이 다른 사람들과 의사소통할 때 다른 사람도 이해할 수 있는 배경을 가지고 있다고 자신도 모르게 추측하여 발생하는 인식적 편견을 의미한다. 한마디로 '이 정도는 당연히 알고 있겠지'라며 넘겨짚는 행위를 의미한다. 비슷한 문장으로는 "개구리 올챙이 시절 모른다."라는 말이 있다. 나에게는 당연한 지식이 다른 사람에게는 아닐 수 있다는 의미이다. 당연하지만 당연하지 않은 지식. 선대가

후손에게 기록을 통한 지식을 남겨주었듯 당연하지만 당연하지 않은 지식을 개발시켜 본인만의 경쟁력으로 만드는 것이다. 예를 들어, 본인이 이전에 일했던 분야와 관련된 자격증을 취득하거나, 새로운 기술을 배우는 것도 좋은 방법일 것이다.

또한, 다양한 교육 프로그램이나 워크숍에 참여하여 새로운 지식을 습득하는 것도 큰 도움이 된다. 지역 커뮤니티 센터나 문화센터에서는 다양한 강좌를 제공하고 있으며, 이러한 기회를 활용하여 새로운 분야에 대한 관심을 넓힐 수 있다. 예를 들어, 요리, 공예, 디지털 마케팅 등 다양한 분야에서의 교육을 통해 본인의 흥미와 적성에 맞는 직업을 탐색 후 본인의 경험과 접목시켜 하나의 새로운 장르를 만들거나 경쟁력 있는 상품으로 만들어 내는 것이다.

현재의 직업 시장은 끊임없이 변화하고 있으며, 이는 우리가 새로운 기회를 포착할 수 있는 좋은 환경을 제공한다. 디지털 기술의 발전으로 인해 원격 근무가 가능해졌고, 다양한 온라인 플랫폼을 통해 자신의 전문성을 활용할 수 있는 기회가 늘어났다. 예를 들어, 프리랜서로 일하거나, 온라인 강의를 통해 자신의 지식을 나누는 것도 좋은 방법이 될 수 있다. 변화는 우리에게 더욱 유연한 직업 선택의 가능성을 열어준다. 퇴직 이후에 어떤 직업을 선택해야 할까? 이 질문에 대한 답은 각자의 관심과 가치관에 따라 달라질 수 있다. 중요한 것은 자신이 진정으로 원하는 것이 무엇인지에 대해 깊이 고민해 보는 것이다. 어떤 사람은 사회적 기여를 중시하여 비영리단체에서 일하기를 원할 수도 있고, 다른 사람은 개인의 성장을 위해 창업을 선택할 수도 있다. 자신의 가치와 목표를 명확히 하고, 이를 바탕으로 직업을 선택하는 것이 중요하다. 단순히 경제적 이익을 추구하는 것이 아니라, 개인의 행복과 만족을 추구하는 과정이어야 한다. 중년기는 자신을 돌아보고, 그동안 쌓아온 경험을 바탕으로 새로운 도전을 할 수 있는 시기이다. 이를 통해 우리는 더욱 풍요롭고 의미 있는 삶을 만들어 나갈 수 있다.

마지막으로, 자기계발의 중요성을 잊지 말아야 한다. 지속적인 학습과 자기 발전은 우리가 원하는 직업을 찾는 데 필수적이다. 우리는 다양한 자원과 기회를 적극적으로 활용해야 한다. 독서, 온라인 강의, 세미나 참여 등 다양한 방법을 통해 자신의 전문성을 키워나가야 한다. 노력은 결국 우리의 직업 선택의 폭을 넓히고, 더 나아가 삶의 질을 향상시키는 데 기여할 것이다. 이 모든 것들을 이해하는 순간 중년은 터닝포인트의 시작이 될 것이다.

이미루 작가

자기계발

인간의 수명을 100세로 정한다면 절반은 50세다. 인생의 많은 전환점이 이때를 중심으로 발생하게 된다. 이 과정에서 다음과 같은 3가지 질문을 스스로에게 던져봐야 한다. "나는 누구인가?", "어떤 경험이 나에게 큰 영향을 미쳤는가?", "과거의 나와 현재의 차이점은 무엇인가?" 어린 시절, 청소년기, 성인이 되어 겪은 다양한 사건들이 강력한 동기를 만들고 그것들이 쌓여서 현재가 완성된다. 내·외부적 에너지는 어떻게 응집했고 어느 지점에서 반응했는지를 파악한다면 과거의 경험들이 어떻게 발전했는지 현재를 통해서 확인하고 미래 목표를 달성하려면 어떤 물리력이 필요한지 한눈에

볼 수 있다. 대동여지도를 인생으로 그려보는 것이다. 사람은 언제나 새로운 지식과 기술을 배우는 데 주저하지 않아야 한다. 배움에는 나이와 경력이 중요하지 않다는 사실은 이미 많은 사례에서 증명되었다. 할머님들이 한글을 배우기 위해 학교에 다니며 즐거워하는 모습을 보면, 배움의 열정은 나이나 상황에 상관없이 지속될 수 있음을 알 수 있다. 중년기에 접어든 우리가 새로운 것을 배우는 데 두려움을 느끼지 말아야 한다는 메시지를 전달한다.

자기계발은 단순히 직업적인 스킬을 쌓는 것에 그치지 않고, 우리의 삶을 더욱 풍요롭게 만들어 주는 중요한 과정이다. 새로운 지식은 우리에게 다양한 시각을 제공하고, 이를 통해 우리는 과거의 경험을 재조명하며 더욱 성숙한 자신을 발견할 수 있다. 자기계발의 방법은 다양하다. 온라인 강의, 독서, 워크숍 참여 등 여러 가지 방법을 통해 우리는 쉽게 새로운 지식을 얻을 수 있다. 기술이 발전하면서 교육은 디지털화되어, 언제 어디서나 필요한 정보를 쉽게 접근할 수 있게 되었다. 이러한 환경에서 우리는 자신의 관심사에 맞는 강의를 찾아 듣거나, 독서 모임에 참여하여 다양한 사람들과의 소통을 통해 생각의 폭을 넓힐 수 있다.

예를 들어, 다양한 분야의 책을 읽거나 강의를 수강하는 것은 우리가 세상을 바라보는 시각을 확장하는 데 큰 도움이 된다. 각기 다른 배경을 가진 사람들과의 대화는 새로운 아이디어를 얻고, 우리의 사고방식을 재구성하는 데 기여할 수 있다. 또한, 워크숍에 참여하는 것은 실질적인 경험을 쌓고, 이를 통해 실력을 향상시키는 좋은 기회가 될 것이다. 이러한 과정에서 우리는 지식뿐만 아니라, 소통 능력이나 팀워크를 기르는 데도 도움이 된다.

자기계발은 경제활동과 직접적으로 연결된다고 단정할 수는 없다. 다시 말해, 자기계발에 열심히 투자한다고 해서 반드시 수입이라는 교환가치와 직결되지는 않는다는 것이다. 그러나 자기계발을 통해 얻은 지식과 경험은 결국 우리의 직업적 기회를 넓히고, 더 나아가 삶의 질을 향상시키는 데 기여할 수 있다. 즉 자기계발은 단순히 직업적인 성공을 위한 수단이 아니라, 우리의 삶 전반을 개선하는 데 중요한 역할을 한다. 자기계발의 기회를 놓치지 말아야 한다. 새로운 것을 배우는 과정은 때로는 도전적일 수 있지만, 그 속에서 우리는 성장을 경험하게 된다. 실패와 성공의 경험을 통해 우리는 더욱 성숙한 시각을 가지게 되고, 이를 바탕으로 새로운 도전에 나설 수 있는 용기를 얻게 된다. 자기계발에 대한 끊임없는 열정은 결국 우리의 삶을 더욱 풍요롭게 하고, 행복을 증대시키는 중요한 요소가 될 것이다.

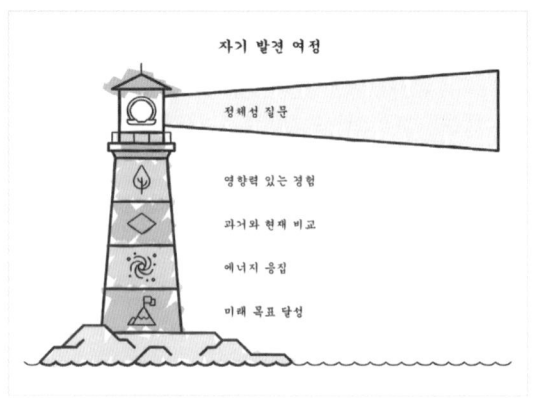

 마지막으로, 자기계발은 일회성이 아닌 지속적인 과정임을 잊지 말아야 한다. 항상 배우고 성장하려는 자세를 유지하며, 새로운 기회를 찾아 나서는 것이 중요하다. 배움의 자세를 잃지 말고, 다양한 경험을 통해 삶의 질을 높여나가야 할 것이다. 노력이 모여 더 나은 우리를 만들어 주고, 궁극적으로는 더욱 행복한 삶으로 이어질 것이다. 자기계발의 여정은 결코 쉽지 않은 길일 수 있지만, 그 과정에서 우리는 많은 것을 배우고 성장하게 된다. 목표를 설정하고, 그 목표를 이루기 위한 계획을 세우는 것이다. 목표는 방향성을 제공하며, 더 집중적으로 자기계발에 임할 수 있다. 예를 들어, 특정 분야의 전문가가 되고 싶다면, 그 분야에 대한 심도 있는 연구와 지속적인 학습이 필요하다. 주기적으로 목표를 점검

하고, 필요에 따라 전략을 수정해 나가야 한다. 혼자만의 여정이 아니다. 주변의 사람들과의 소통과 협력이 큰 도움이 된다. 친구나 동료와 함께 스터디그룹을 만들거나, 관심 있는 주제를 가지고 토론하는 것은 서로의 생각을 자극하고, 새로운 관점을 제공받는 좋은 방법이다. 인간관계를 강화하고, 서로의 성장을 응원하는 기회를 제공하고, 함께 성장할 수 있는 가능성을 높이는 것이다.

자기계발의 과정에서 중요한 또 하나의 요소는 꾸준함이다. 일시적인 노력으로는 실제 변화를 이루기 어렵다. 따라서 매일 조금씩이라도 시간을 투자하여 학습하는 습관을 기르는 것이 필요하다. 예를 들어, 매일 아침 30분씩 책을 읽거나, 주말마다 온라인 강의를 수강하는 등의 작은 실천이 모여 큰 변화를 만들어 낼 수 있다. 꾸준함은 우리에게 성취감을 주며, 점차적으로 자신감을 쌓아주는 역할을 한다.

자기계발을 위한 자원은 무궁무진하다. 인터넷을 통해 다양한 무료 강의와 자료를 쉽게 접할 수 있는 시대에 살고 있다. 다양한 교육플랫폼에서는 높은 수준의 강의를 무료로 제공하고 있다. 또한, 도서관이나 지역 커뮤니티 센터에서도 다양한 교육 프로그램을 운영하고 있다. 다양한 교육 자원들을 적극 활용하여, 자신의 관심 분야에 맞는 학습 기회를 찾아

나서는 것이 중요하다. 새로운 지식을 배우고, 다양한 경험을 쌓는 과정은 우리가 세상을 바라보는 시각을 넓혀주고, 삶의 질을 향상시키는 데 기여한다. 따라서 자기계발을 단순히 의무감으로 접근하기보다는, 흥미와 열정을 가지고 임하는 것이 중요하다. 좋아하는 주제를 깊이 있게 탐구하고, 그 과정에서 느끼는 즐거움은 우리에게 큰 동기부여가 될 것이다.

자기계발은 우리 삶의 여정을 더욱 의미 있게 만들어 주는 중요한 요소이다. 이 과정을 통해 자신을 발견하고, 더 나아가 새로운 가능성을 열어갈 수 있다. 자기계발의 여정에서 마주치는 도전과 어려움은 우리가 성장하는 데 필수적인 경험이 될 것이다. 두려움 없이 새로운 지식과 기술을 배우고, 다양한 경험을 통해 자신을 발전시켜 나가야 한다. 만약 설레는 무언가를 정말 찾지 못하겠다면 인생에 한 번쯤은 자기 자신을 스스로 벼랑 끝으로 내몰아 봐라. 대중들은 자신이 갖고 있는 합리적인 생각을 갖고 앞으로 나아가는 걸 주저한다. 틀릴까 봐 두려워 누군가 앞에 서질 못하고, 긴 줄을 마다하고 검증된 맛집이 아니면 도전하지 않으며, 남과 다른 선택을 비난하며 스스로의 한계를 정해놓는다. 물론 당신의 잘못이라 이야기하는 건 아니다. 우리가 살던 세상이 그럴 수밖에 없도록 만들었다 생각한다. 어둡고 칙칙한 검은색

계열의 정장과 개성 따위라곤 찾아볼 수 없는 넥타이를 갖춰 입고 직장으로 출근하는 게 당연하며 누군가의 지시를 충실하게 이행하는 게 디폴트값이 되도록 촘촘하게 설계되었다. 인생의 주인공은 처음부터 정해져 있다는 것처럼 말이다. 영어에는 'Liberal'이란 단어가 있다. 자유를 뜻하는 Liberty에서 파생된 단어이다. Liberal을 로마어로 직역하면 "노예가 되지 않는 사람"이란 뜻이다. 현대사회에서 노예제도는 폐지됐지만 노예 자체가 사라진 건 아니다. 당신의 자유 의지는 많은 부분에서 제한되거나 희생될 가능성이 높다. 예시는 멀리서 찾을 필요가 없다. 얼마 전 편의점을 방문했다. 감기약을 먹기 위해 생수를 구입하기 위함이었다. 가까운 곳에 위치한 삼다수를 집었는데 몇백 원 차이에 내려놓고 PB 상품을 구입했다. 고작 생수 한 병을 구입하는 짧은 여정에도 자유를 제한하는 많은 상황들이 있던 것이다.

'돈', 인간의 선택을 제한하는 가장 큰 요소 중 하나이다. 충분치 않기 때문에 과감히 투자하기 힘들고 당신의 시간을 투자하긴 싫기 때문에 합리적인 선택을 지향하는 건 쉽지 않다. 재미있는 건 인간의 선택이다. 행운과 여유가 있어야 합리적 선택을 할 것이라 생각하지만 실제는 선택의 여지가 없는 코너를 마주해야 비로소 정확한 결정을 내린다. "해야 되나 말아야 되나?" 고민하는 것은 상황이 절박하지 않기 때문이다. 이런 고민은 대부분 문제를 고민에서 끝내게 만든다. 실행으로 옮기기 힘들고 옮겨도 유지하기 힘든 게, 절박하지 않기 때문이다. 절박하지 않은 결정은 목표를 달성하기도 전에 안락함을 추구하게 되고 PLAN A가 끝나기도 전에 PLAN B를 말한다. 그러나 중년이라면 이제는 어느 정도 내가 원하는 걸 할 수 있는 나이가 아니냐? 반문하게 된다. 경제적으로도 안정화를 겪는 시기고, 세상의 눈치도 더 이상 볼 필요 없는 나이가 아니냐는 말이다. 이제 눈치 볼 필요는 없다. 하고 싶은 대로, 해보고 싶은 대로 살아보는 것. 중년의 자기계발은 두려움을 깨고서 세상으로 나오는 것이면 충분하다 생각한다. 다른 말로 도전이다.

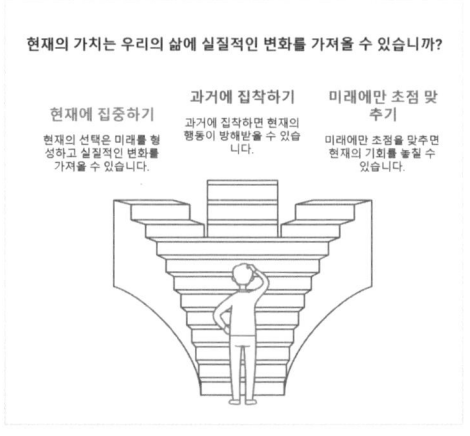

이미루 작가

건강과 웰빙

언제부터인가 웰빙이라는 단어는 건강한 신체로 사람들에게 여겨지곤 했다. 웰빙이라는 단어를 인터넷에 검색하면 건강한 음식, 건강을 돕는 운동에 관련된 정보들만 수두룩하게 나온다. 물론 웰빙이란 의미는 'Healthy', 건강한 신체 또는 건강이란 의미는 맞지만 이번에는 건강을 지킨다는 게 어떤 의미를 갖고 있는지 경제적인 관점에서 접근해서 이야기해 보려 한다. 먼저 건강은 결국 경제력과 직결된다. 건강하지 않으면 그 자체가 돈을 잃는 행위란 의미이다. 단적인 예로 암 치료비는 연간 1억 원 정도가 필요하다. 이 금액은 단순히 병원에 지불돼야 할 치료비만 이야기한 것으로 간병인, 약값

등 부가적인 요소들이 추가되면 금액은 좀 더 추가될 수 있다. 암뿐만이 아니라 이가 좋지 못하면 임플란트를 진행해야 한다. 임플란트 시술 비용은 건강보험을 적용받았을 때 기준으로 개당 50만 원 수준이다. 6개 정도만 시술받아도 300만 원이 훌쩍 넘어간다는 의미가 된다. 물론 의료보험에서 많은 부분을 부담해 주고 있어 사실상 의료 부분에 많은 혜택이 있다. 하지만 치료를 받는 기간 동안 경제적 활동을 하지 못하고 간병인 또는 교통에 소요되는 경제적 비용들도 적지 않기 때문에 항시 치료비 외 알파의 부분까지 생각하게 된다. 또한 아프면 아무것도 할 수 없다. 즉 요양을 위해 모든 것을 희생한다는 의미가 되는데 이런 상태가 지속되면 무기력한 상태로 바뀔 수밖에 없다. 유튜브를 보면 가끔 고독사 뉴스가 나오곤 하는데 고독사의 원인이 병으로 인한 병사라고 보기보단 결국 사회적 고립에서 출발한 것이지 않나 생각하게 된다.

K-직장인의 평균 퇴직 나이는 50세이다. 떠밀려진 선택이건 자발적인 선택이건 꼭 직업이 아니더라도 50세라는 나이는 수많은 선택을 두고 결정할 것이 많은 시기이다. 크게는 3가지 측면에서 변화가 찾아오는데 가족, 직장, 사회적 역할이다. 가장 먼저 바뀌는 게 가족이다. 구조적으로 중년에

나이에 접어들면 자녀는 성장하고 부모는 노화한다. 가족 구성원 간의 역할 변화가 발생한다. 이런 변화를 감지하고 적응하지 못한다면 가족 간의 갈등 상황에 자주 놓이게 될 가능성이 높다. 부모의 노화부터 이야기하면 50세 부모의 나이대는 75세 이상인 노년이 대부분이다. 노화하는 부모를 돌보는 과정에서 자녀가 느끼는 부담은 상당하다. 경제적으로 의존하는 상황이라면 상황은 더 심각하다. 건강에서 시작되는 병원비용부터 생활비용까지 가족 간이라도 깊은 이해가 필수적인 이유다. 부모 스스로가 독립적인 생활이 가능해야 하고 그렇지 못할 경우라면 한쪽에 치우친 게 아닌 역할 분담을 명확히 하는 것이 중요하다. 앞서 돈과 건강에 대한 관계성을 이야기했다면 지금은 가족과 건강, 돈의 관계성에 대해서 포괄적으로 이야기해 보려 한다. 건강하지 못하면 돈의 소멸을 막을 방법이 없다. 아무리 많은 자산을 갖고 있더라도 빠른 시간 안에 소멸시키는 원인이 된다. 노년기에 재산 대부분은 탕진하는 사람들은 건강을 제대로 지키지 못했다는 공통점이 있다. 건강을 잃는 순간 경제활동을 할 수 있는 시간적 기회를 잃고 동시에 치료에 소비되는 막대한 비용을 지불하게 된다. 이것은 다시 엄청난 경제적 부담으로 다가오게 된다.

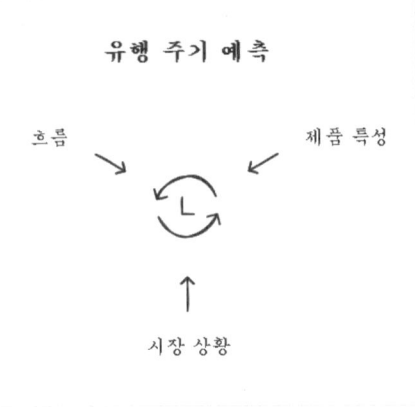

　기본적인 부분에서 부족한 상황이 발생하면 자연스럽게 배우자와 자녀와의 관계도 좋지 못할 확률이 높다. 자녀가 완전하지 못할 때 경제적 지원이 끊어지거나 반대로 자녀가 아직 자리 잡지도 못했는데 경제적 지원을 해야 하는 상황이 발생한다면 부족함에서 오는 갈등을 필연적일 수밖에 없다. 불편한 감정은 대화 단절로 이어지고 그렇게 멀어지기도 한다. 해결 방안이라면 열린 대화뿐이다. 있는 상황과 변화된 환경에 대해 명확히 하고 정기적인 소통을 통해 문제 해결을 모색하는 것이다. 중년에 누군가의 아버지라는 타이틀을 갖고 있는 사람들 중에 표현에 어색한 사람들이 상당히 많다. 겨울만 되면 너도나도 약속이라도 하듯 입는 검은색 롱패딩처럼 감정 표현이 죄악시되는 시대에 살아온 아버지들이 상당히 많다. 직장에서 오래 살아남기 위해서라도 감정을 숨겨야 했을지 모른다. 이제는 감정을 드러내는 것보다 숨기는 것이 익숙할 수 있다. 중년에는 이런 식의 소통방식이 건강한 가족관계를 망치는 가장 큰 원인이 된다. 불편한 사람과 대화하기 싫은 것처럼 소통이 안 되는 사람과 대화하기 싫은 건 마찬가지일 것이다. 결국 혼자 내몰릴 수밖에 없는 상황에 놓이고 노년을 쓸쓸하게 보낼 수밖에 없게 된다. 이는 현대에 들어서 계속 노인 고독사와 같은 사회적 이슈와도 연관이 있다.

이런 불행한 사태를 막기 위해서라도 생각해야 할 것이 2가지가 있다. 첫 번째는 건강한 신체를 유지하는 것이다. 중년이 될수록 신체는 망가질 확률이 높아진다. 늙어간다는 것은 다른 말로 회복 속도가 느려졌다는 의미가 된다. 아무리 의료 기술이 좋아졌다고 해도 중년의 건강은 한번 잃어버리면 회복하는 게 힘들다. 그렇기 때문에 잃기 전에 유지하기 위한 노력에 최선을 다해야 하고 특히 목돈이 들어갈 수 있는 암과 같은 위협에 대비하기 위해 정기적인 검진을 통해 건강을 관리해야 한다. 또한 부모님 부양 또는 치료비 지원과 같은 문제는 독단적으로 결정하는 것이 아니라 가족 간의 충분한 상의와 소통을 통해 동의와 이해를 사전에 구하는 게 중요하다. 경제권을 쥐고 있을 때처럼, 독불장군처럼 행동한다면 자식에게도 버림받을 수 있는 행동을 실천하고 있는 것이다. 생각보다 많은 사람들이 중년 이후에 자식들과 단절되는 경험을 하고 있다. 한 리서치 기관의 연구에서는 약 8% 이상의 중년 인구가 자식들이 있음에도 불구하고 연락을 하지 않고 지낸다 답했다. 자녀의 나이가 들었다면 그에 걸맞은 대우가 필요한 법이다. 경제적인 부분까지 여러 가지 이해관계가 충돌하는 상황이라면, 충분한 소통과 이해가 선행돼야만 한다고 이야기할 수 있다. 즉 중년의 건강에는 경제력, 관계와도 밀접한 관계가 있다고 설명할 수 있다.

두 번째로 중요한 것은 경제적 안정성을 확보하는 것이다. 중년기에 접어들면 소득의 불안정성이 높아지는 경향이 있다. 이는 직장에서의 퇴직, 사업의 부진, 또는 예상치 못한 건강 문제 등 다양한 요인에서 비롯될 수 있다. 이러한 상황에 대비하기 위해서는 미리 준비하는 자세가 필요하다. 먼저, 안정적인 노후 자금 마련을 위한 계획을 세워야 한다. 국민연금만으로는 충분하지 않을 수 있으므로, 개인연금이나 퇴직연금 등 추가적인 저축 수단을 활용하는 것이 좋다. 또한, 부동산이나 주식 등 다양한 자산에 분산 투자하여 리스크를 관리하는 것도 중요하다. 그러나 단순히 돈을 모으는 것만으로는 부족하다. 중년기에는 새로운 수입원을 창출할 수 있는 방안을 모색해야 한다. 예를 들어, 자신의 전문성을 살려 컨설팅이나 강의를 하거나, 취미를 발전시켜 부업으로 삼는 등의 방법이 있다. 이는 단순히 경제적 이득을 넘어 자아실현의 기회가 될 수도 있다. 특히 주목해야 할 점은 디지털 시대에 맞는 새로운 기술을 습득하는 것이다. 많은 중년층이 디지털 기술에 대한 적응에 어려움을 겪고 있지만, 이는 새로운 기회의 문을 열 수 있는 열쇠가 될 수 있다. 온라인 플랫폼을 통한 비즈니스나 재택근무 등 새로운 형태의 일자리가 늘어나고 있기 때문이다.

마지막으로, 가족과의 관계 개선에 노력을 기울여야 한다. 앞서 언급했듯이, 중년기에는 가족 구성원 간의 역할 변화가 일어난다. 이 과정에서 발생할 수 있는 갈등을 최소화하고 서로를 이해하려는 노력이 필요하다. 정기적인 가족회의를 통해 서로의 상황과 감정을 공유하고, 함께 해결책을 모색하는 것이 도움이 될 수 있다. 또한, 자녀와의 관계에서는 '부모'라는 역할에만 매몰되지 않고 하나의 독립된 인격체로서 서로를 존중하는 자세가 필요하다. 자녀의 성장에 따라 부모의 역할도 변화해야 하며, 이는 때로는 '간섭하지 않는 것'이 최선의 방법일 수 있다는 점을 인지해야 한다. 결론적으로, 중년기의 건강한 삶을 위해서는 신체적 건강관리, 경제적 안정성 확보, 그리고 원만한 가족관계 유지라는 3가지 요소가 균형을 이루어야 한다. 이는 단기간에 이루어질 수 있는 것이 아니며, 꾸준한 노력과 준비가 필요하다. 노력의 보상은 행복하고 의미 있는 노년을 보내는 것이다. 중년기를 새로운 도전과 성장의 기회로 삼아, 더 나은 미래를 준비하는 시간으로 활용하는 것이 중요하다.

가족 관계를 개선하기 위한 최선의 접근 방식은 무엇입니까?

감정 억제
관계 단절과 오해로 이어짐

VS

열린 대화
명확성과 이해를 통해 관계 강화

이미루 작가

취미와 여가생활

　인천국제공항은 65세 이상 노인들이 하루 평균 1,200명 방문한다. 이 중 98%가 비행기를 이용하지 않는 공캉스 노인들이다. 공캉스는 '비행기를 이용하지 않고, 공항에서 바캉스를 즐긴다'라는 말이다. 공항에 별다른 볼일은 없지만 편의시설은 휴가지처럼 즐기고 가겠단 의미이다. 물론 인천공항을 포함한 관계자, 인프라 시설관리자들은 이런 노인들이 반갑지 않다. 무료로 시설을 이용하는 이용자가 많아지면 관리하는 데 많은 노동력이 필요하기 때문이다. 보안검색대, 보안관리, 수화물 관리 등 시설 관리가 아니더라도 공항에선 관리해야 할 것들이 많다. 수익 없이 이용객만 늘어나면 운영 유지 측면에서 반갑지 않을 수 있다. 중요한 건 공캉스를 즐기는 노인들이 어떤 목적으로 공항에 방문하냐는 것이다. 1,200명이나 되는 노인들이 모두 인천에 거주하는 것도 아니고 단순 거리상 가깝다는 이유로 방문하진 않았을 것이다. 여름엔 시원하고, 겨울엔 따뜻하며 냉·난방 시스템이 확실하고, 시설은 깨끗하며 와이파이 휴게 시설이 완벽한 곳, 바로 공항이다. 남 눈치 안 보고 원하는 만큼 있을 수 있고 무료 지하철로 연결된다는 점은 주머니 사정이 가벼운 노인들이 인천국제공항으로 모이는 결정적인 역할을 하고 있다. 노인들의 일과를 트레킹하면 무료 지하철 패스로 인천국제공항에 도착하고, 맥도날드에 들러 1천 원 커피를 테이크아웃한다. 커피를 들고 한가한 비행기 탑승장으로 이동해 하루 종일 비행기 이륙을 지켜보다 심심하면 주변 콘센트에 충전기를 꽂고 스마트폰으로 드라마를 보거나 무료 안마의자가 있는 구역으로 이동해 안마를 즐긴다. 여름엔 집보다 시원하고 심심함도 달래주고 이것보다 합리적인 소비는 없을 것이다.

"젊은 사람들이 싫어하잖아." 공캉스를 즐기는 노인들은 하나같이 이런 말을 한다고 한다. 그렇다, 아직까지 한국에선 은퇴한 사람들을 반겨주는 곳이 없다. 이런 현실을 뒤로하고 먼저 살펴봐야 할 것들이 있다. 시간이다. 은퇴 전에 살아온 바쁜 시간들을 뒤로하고 갑작스럽게 생긴 여유가 어떤 의미로 작용하는지 말이다. 그토록 갈망하던 정년퇴직이 인천국제공항에서 이륙하는 비행기를 관람하기 위함은 아니었다고 생각한다. 준비되지 않은 자유는 무한한 공허함뿐이다. K-직장인이 하루 평균 직장에서 보내는 시간은 출퇴근 시간 포함 10시간 이상이다. 하루의 절반 이상을 보내던 곳이 하루아침에 사라졌을 때 우리에게 남은 건 무엇일까? 그건 바로 자신 스스로이다. 회사에서의 하루는 노동이란 강제성이 부여된 채 시작된다. 한마디로 내가 굳이 계획하지 않아도 누군가에 의해 스케줄이 강제된다는 의미가 된다. 때론 강제된 스케줄이 마음 편하기도 하다. 크게 신경 쓰지 않고도 하루를 열심히 살았단 생각마저 들게 하기도 한다. 하지만 진짜로 열심히 산 하루는 누군가 강제하기 전에 스스로도 충분히 열심히 살 수 있어야 할 것이다. 자유라는 건 제대로 활동할 수 있을 때 시너지가 상승한다. 은퇴 이후의 삶은 자유로움 속에서 어떤 가치를 찾아갈 것인지가 숙제이다. 직장인 평균 퇴직이 50세 미만인 요즘 같은 시대엔 빠르면 40대, 늦어도 50세에는 이런 부분을 염두에 두어 연습을 시작해야 한다. 시작은 정체성 확립이다. 직장에서의 역할이 사라지면 동시에 가정에서 가장의 역할도 약화된다. 경제활동 주체가 바뀌기 때문이다. '중년의 위기'라고도 불리는 이 시기는

50세 퇴직을 앞둔 중년들이 공통적으로 느끼는 감정이다. 직장과 가정에서의 역할이 사라지면서 자신의 존재 가치와 정체성에 대한 고민이 생기고 새로운 삶의 방향을 찾는 과정에 많은 어려움을 겪는다. 이 모든 원인은 바로 '목표'가 없기 때문이다. 제2의 인생 설계 시작은 목표 설정의 전개를 하나씩 나열하는 것이다. 이때 중요한 포인트가 바로 현실을 직시하며 목표를 설정하는 것이다. 머리는 아직 30대라 생각하지만 몸은 벌써 50대이다. 호흡이 짧더라도, 기억력이 감퇴하더라도 이젠 스스로를 위로할 줄 알아야 한다. 무리한 목표보단 적당한 목표를 세우고, 새로운 삶의 방향은 앞서 언급한 직업, 자기계발, 건강, 취미, 재정관리를 모두 포함하는 개념이어야 한다.

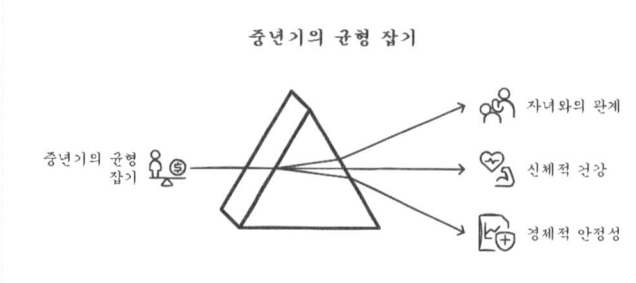

어느 하나도 치우치지 않고 5가지의 힘이 골고루 균형 있게 유지돼야 한다. 그래야 중년 앞에 닥친 문제를 수월하게 풀어갈 수 있다. 모든 사람에게 공평하게 주어지는 게 시간이다. 학생 때는 시간을 갈아 넣어 공부를 했고, 청년과 중년에는 시간을 갈아 넣어 돈을 벌었다. 그렇다. 매 순간 당신은 그에 걸맞은 지불을 충분히 하고 있었다. 이제 남은 시간은 절반밖에 없다. 어쩌면 절반이 아닐지도 모른다. 슬퍼할 겨를이 없지만 앞서 언급한 5력이 무너지면 또다시 많은 시간을 담보로 제공해야 한다. 그것들이 채워지도록 하염없이 이륙하는 비행기를 바라보는 노인의 시선에서 그 공허를 충분히 느낄 수 있었다. 당신이 지금 몇 살이건 상관없다. 지금이라도 하나씩 채워나가면 되니까. 먼저 축소된 사회적 관계를 넓혀줄 필요가 있다. 직장을 중심으로 형성되었던 인간관계는 나오는 순간 자연스럽게 축소하게 된다. 사회적 고립이란 게 재정이나 건강, 시간 때문에 발생하기도 하지만 인간적인 고립도 부담이기 때문이다. 새로운 관계 형성을 위한 방법은 인간적 관계를 재정립하고 부족함은 보충하고 넘침은 덜어내는 것이다. 예를 들어 자녀와의 관계를 설명하면, 일방적으로 도움을 주던 관계에서 도움을 받는 관계로 전환할 수 있고 부부 관계 역시 가정을 꾸리는 동반자에서 친구같이 편한 말동무가 되는 것이 대표적인 표본이라 할 수 있을 것이다.

이미루 작가

재정관리

앞서 언급한 5력 중에 가장 큰 고민이 바로 재정관리이다. 하나금융연구소의 '대한민국 금융소비자 보고서 2025'의 설문조사에 의하면 10명 중 7명이 은퇴 후 고정 수입이 사라지면 고정 소득원을 확보하는 것이 가장 중요하다고 대답했다. 재정적인 측면에서 위축된 소비심리가 반영된 것이다. 50세 은퇴 시점에서 K-직장인이 확보할 수 있는 평균 자산은 7억~9억 수준이다. 이 정도면 부자까지는 아니어도 먹고살 걱정은 없어 보이지만 노후 준비로는 턱없이 부족하다. 먼저 노후에 필요한 자금은 총합 10억이다. 10억에는 부동산자산 + 현금 + 주식, 연금 + 실물자산이 모두 포함된 금액이다. 최근의 기대수명은 95세를 바라보고 있다. 50세에 퇴직하면 45년을 더 보내는 것이고 65세에 퇴직했다면 25년을 살아야 한다. 그럼 현재의 물가 기준으로 노인들의 한 달 생활비는 얼마일까? 1인 기준 192만이다. 물론 여기에는 건강유지비용이 포함된 금액이다. 건강의 정도는 사람마다 다르니까 누군가엔 좀 더 적은 비용이 필요하기도 하고 누군가엔 좀 더 많은 비용이 필요할 것이다. 다시 본론에서 '65세 퇴직, 25년 삶' 기준으로 192만 원 × 12월(1년) × 25년을 해보면 5억 7천600만 원이 나온다. 그럼 10억까지 4억 3천 정도가 남는다. 그런데 이 돈은 그냥 묵히는 돈이다. 2025년 1월 기준 서울 아파트 평균 전세가는 6억이다. 물론 여기에는 대형의 평수도 아파트도 포함되어 있고 지방권에 비해 서울 주택 가격은 많이 비싼 편이기도 하다. 그렇지만 인구 대부분이 몰려 사는 수도권을 기준으로 한다면 10억의 차액 4억 3천이란 금액도 전셋집을 간신히 구하는 초라한 수준이란 걸 알 수 있다. 65세 이전에 10억을 확보하느냐 못하느냐의 부분이다. 즉 선명한 재무상태를 확인할 수 있어야 하고 나아가 효율적인 재정 운영관리가 필수가 된다. 무엇보다 안정적인 현금 흐름을 확보해야 하는데 공적연금, 퇴직연금, 개인연금 이렇게 삼중구조로 연금을 준비해야 한다. 만약 65세 은퇴를 했다면 매월 고정 소득원을 확보하는 것이 중요한 것이다. 퇴직 전 전성기 때의 수입을 이야기하는 게 아니라, 한 달에 200만 원이라도 차감될 생활비를 보호한다는 개념으로 접근하는 게 좋다.

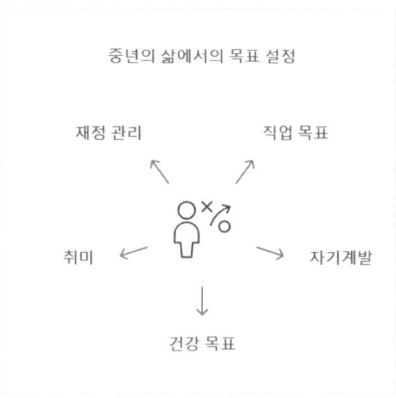

한국 사람들의 자산은 대부분 부동산에 몰려 있어 현금 유동이 자유롭지 못하다. 현금 유동이 떨어진다는 의미는 현금이 필요할 땐 집을 팔아 현금을 마련한다는 의미인데 이럴 경우 거주의 질이 급격하게 떨어지는 것을 확인할 수 있다. 즉 앞서 설명한 3개의 연금(공적연금, 퇴직연금, 개인연금)도 충분치 않다는 것을 알 수 있다. 이것을 보완하기 위해 주택연금까지 연금 4종 세트를 만들어 탄탄한 노후를 대비하는 게 핵심이라고 볼 수 있다. 그렇게 하기 위해선 결국 소득생활을 연장해야 하고 190만 원이건 200만 원이건 총액에 상관없이 기본적인 소득생활 연장을 계획하는 게 필요하다. 기간까지 정한다면 75세까지는 소득생활을 연장해야 한다. 노년층을 위한 재취업, 부업, 파트타임의 다양성은 확대될 것이다. 한국보다 노령화를 빨리 경험한 국가들은 대부분 노인 일자리의 다양성을 확대해 나갔다. 중요한 건 전적으로 모든 책임은 개인에게 있다는 것이다. 언제 어디서 어떻게 변수가 생길지 모르는 부분이다. '국가에서 알아서 해결해 주겠지' 같은 막연한 기대는 현실과 기대의 괴리를 만들 뿐이다. 아무것도 없다 생각하고 할 수 있는 모든 루트를 열어놓고 현실적으로 소득을 창출해 줄 수 있는 일감들을 찾아놓는 준비가 필요할 것이다. 이 시대를 살아가는 모든 중년의 행복한 노년 라이프를 응원하며 이 글을 마치려 한다.

새벽에 일어나 글 쓰는 직장인
범상치 않은 인물이 되고 싶은 여자
1일, 1독, 1글을 100일 동안 완성한 블로거
책을 읽고 단편 소설 쓰는 상상력 풍부한 작가
중학교 1학년, 고등학교 1학년, 딸을 곱게 키운 엄마
중학교 딸과 둘이 영어 문법 공부하는 자칭 타칭 선생님
인문학 모임에서 강연하며 지리학자가 되려고 노력하는 사람

SNS
https://blog.naver.com/zzaa3
https://brunch.kr/@zzaa3
https://hellotalk.com/u/Cacho_1155?source=1

중년의 소원을
들어주고 싶은 작은 별

이효진(채코) 작가

차례

탈 이야기

············ 서문
············ 첫 번째 탈, 자식
············ 두 번째 탈, 남편
············ 세 번째 탈, 아내
············ 네 번째 탈, 부모

탈 벗기기

············ 명상
············ 달리기
············ 놀이
············ 여행
············ 글쓰기
············ 강연

이효진(채코) 작가

탈 이야기

서문

나이를 먹는다.
나이를 헛먹는다.
나이를 아주 많이 먹는다.
나이를 배가 빵빵해지도록 먹는다.
나이 먹으며 욕심이 들어차니 더 많이 먹는다.
그 허전함, 두려움, 낯섦을 달래려고 먹기를 반복한다.

나이를 많이 먹고 팔자 주름을 지우개로 싹싹 지우려 하지만 쉽게 지워지지 않는다. 손가락 끝으로 얼굴을 조물조물 만져도 쉽게 사라지지 않으며 거울 앞에 서면 희끗희끗하게 올라온 하얀 머리를 감추어야 한다. 손가락을 문에 부딪쳐서 버티는데 쉽게 가라앉지 않는다. 물장구치고 놀다가 넘어져 무릎의 인대가 늘어났으나 상처가 아물지 않는다. 의자에 3시간 이상 앉아 있으면 허리에서 신호가 오고 통증이 밀려오며 곡소리로 아우성을 친다. 다른 이보다 귀의 노화가 빨리 찾아와 누군가 내 뒤통수에 대고 말하면 들리지 않는다. 귀가 안 들리면 가까운 가족들에게 왕따당한다고 누군가 나에게 말한다.

　중년이 되고부터 나에게 다가온 것들이 조금 낯설고 두렵다. 새롭게 열리는 시대에 나의 모습이 점점 변하는 것을 온전히 받아들이고 적응하기에 시간과 위로가 필요하다. 책상 아래에 들어가 있으면 누군가 손 내밀고 도움을 주었으면 한다. 이러한 현실들이 일어나리라 생각했던 적이 한 번도 없다. 인터넷을 살피며 혼자 방법을 모색해 보지만 답이 보이지 않는다. 나 이렇게 되었으니 내 몸을 살펴주고 배려하는 이를 만나고 싶은 욕심만 가득하다. 나에게 안성맞춤으로 나를 위로해 주려는 이를 가까이 두고 싶다. 마음속으로 어떻게 살아가야 하는지 중심을 잡고 자신을 달래며 당신과 대화하고 싶다.

"내가 이러한데 당신은 어쩌면 더할지도 모르겠다."

이제 살살 가라고 말하고 싶다. 그 정도 했으면 그만하라고, 무엇을 더 얻으려고 그리 부지런히 가냐고 말리고 싶다. 목덜미를 훔치고 어깨동무하며 가만가만 위로의 말을 전한다. 움푹 팬 주름 한 개 만들려고 애쓴 당신을 안아주고 싶다. 내가 말리더라도 다음에 어떤 모양의 주름을 만들지 뻔히 보이지만 조금 쉬었다 가라고 말하고 싶다. 그 골이 자식, 남편, 회사, 나라를 위한 것인지 각자의 사연은 알 수 없지만 본인 자신을 챙기라는 말을 더하고 싶다.

눈이 부시게 햇살 가득한 하늘을 바라보며 나만을 생각하는 삶을 살아보는 것은 어떤지 이야기 나누고 싶다. 이제는 솥뚜껑을 들여다보며 밥이 설익었는지 눈치 보지 않아도 되는 나이를 가졌으니 더 늦기 전에 나를 챙기고 보듬어 보는 시간으로 자유를 만끽하며 사는 인생을 상상한다. 누구도 간섭하고 서투르게 조언하지 않는 온전히 나만이 가질 수 있는 가치 있는 삶을 기약하며 서로에게 친절을 베풀고 행복한 삶이 되었으면 한다.

나에게 가장 큰 장점은 한번 본 사람을 '인간 스캐너'가 되어 머리부터 발끝까지 살피고 그들의 말과 행동을 가늠하며 다이어리의 문구까지 훔친 후 글로 표현하기를 잘한다. 다음 글들은 40대 후반의 여성이지만 자식과 남편의 탈을 뒤집어 쓰고 '나'라는 주체가 되어 그들의 심정을 대변하기 위해 쓴 글들이다. 그들의 몸에 들어가 관찰하고 글을 쓰다 보니 어떤 부분에서 괴로움과 슬픔이 밀려드는지 알게 되고 그 마음을 이해하니 고개가 저절로 움직여진다. 이 이야기로 서로의 아픔을 어루만지며 더 나은 삶을 살아갔으면 하는 바람이다.

첫 번째 탈, 자식

부모에게 아직도 독립하지 못한 23살 청년이다. 다 큰 청년이 몸이 몹시 아프다. 키가 훤칠하지만, 몸무게는 48kg이고 엄마와 아빠의 머리를 닮아 꽤 똑똑하다고 느끼며 자부심을 가진다.

어릴 적 세상모르고 엄마 품을 좋아한다. 가녀린 엄마의 팔뚝에 기대서 젖을 쪽쪽 빨고 행복한 나날을 보내며 살아간다. 딱 2년 동안 행복했다는 정신과 의사 선생님의 말씀이 맞아떨어진다. 엄마 옆에 기대어 울고불고 외롭다며 고통을 외치고 싶지만, 2살 때 동생이 태어나서 조용히 지내야 한다. 늘 화가 난 아빠의 눈에 나지 않으려면 우는 소리, 불평불만

소리가 자동으로 쏙 들어가게 된다. 그렇게 힘들어하는 엄마는 동생을 또 가진다. 아이가 셋인 집에 짐이 점점 늘어간다. 누군가 보듬고 살살 달래며 놀아주면 좋겠는데 엄마는 젖 먹는 동생을 붙들고 애를 태우느라 5살 아이에게 관심이 전혀 없다. 한참 운동장을 달리며 호기심 가득한 얼굴로 곳곳을 누비고 싶은 마음이 간절했지만, 모든 것을 참고 이겨내야 한다. 그래도 엄마가 동생을 젖 먹이며 집에 있는 날이 좋았던 기억이다. 동생들이 조금씩 커가며 첫째인 나에게 할 일도 많아진다. 동생들과 손잡고 엄마를 따라 유치원에 가기까지 정말 좋았다. 그런데 엄마는 어디에 정신이 팔렸는지 막냇동생이 유치원에 들어가자마자 외부 활동을 시작한다. 원래도 자유분방하고 재주가 많으며 많이 배운 엄마는 집에서 탈출하려고 부단히도 애를 쓴다. 문제는 엄마의 부재로 내 삶이 불편하다. 학교를 마치면 노는 것을 제치고 동생을 어린이집에서 하원 시키고 일일이 챙겨야 한다. 넷이 눈을 동그랗게 뜨고 엄마가 오기만을 기다린다. 어찌 된 영문인지 엄마는 저녁 7시가 되어도 들어올 기미가 없다. 라면을 끓이거나 과자를 살 돈이 없으니 동생들과 주린 배를 움켜쥐고 있지만 어찌할 방도가 없다. 얼마나 바쁜지 드디어 엄마는 집에 등장한다. 얼굴이 환하고 웃음꽃이 한가득이다. 무엇이 그리 좋은지 날마다 행복해 보인다. 엄마의 등장으로 동생들은 원기를 찾는다.

엄마가 집에 붙어 있었으면 좋겠는데 도대체 엄마는 무슨 일을 하느라고 집을 늘 비우는 건가? 중학교 2학년이 되어 점점 불평불만이 쌓인다. 그동안은 첫째 아들로서 책임을 다했다. 수학 학원 선생님이신 아빠의 지시대로 공부도 나름 잘한다고 칭찬받으며 학교에서 우등생으로 자란다. 가끔 동생들의 숙제도 봐주면서 잘되어 보고 싶은 마음을 가져본다. 그러다 중학교 3학년이 되어 극심한 무기력증이 찾아온다. 다른 친구들과 비교되는 것이 참기 힘들고, 무엇인지 자꾸 반감이 선다. 학교에 극도로 가기 싫으며 엄마, 아빠의 잔소리가 듣고 싶지 않다. 그 이후로 방 밖으로 한 발짝도 나가지 않게 된다. 그때부터 입을 닫고 혼자만의 시간을 가진다. 이제는 너무 지치고 힘들어 아무 말도 하고 싶지 않다. 동생들 챙기는 것도 엄마, 아빠가 서로 말 안 하고 사는 것도 모두 보기 싫다. 소중하게 모아온 엄마의 책들이 식구도 많은데 방 하나를 차지하고 있는 것이 정말 지긋지긋하다. 어서 빨리 이 공간에서 탈출하고 싶다. 혼자만의 생각들로 몸이 자꾸 아프고 안 좋은 생각들이 스멀스멀 올라온다. 어엿한 다 큰 청년이지만 여전히 엄마의 따뜻한 손길이 필요하다.

"나는 평생 엄마의 AS가 필요하다."

일하는 엄마가 돈이 없어 허덕이는 모습을 보면 나라를 구한 독립운동가 유관순 열사인 것이 분명하다.

최근에 알게 된 지인의 자식에 관한 이야기이지만 부모로서 자식을 걱정하는 마음을 너무도 잘 알고 있기에 마음 한 구석이 쓰리고 아프다. 어디서부터 첫 단추를 잘못 끼웠는지 알 수 없기에 밤새 뒤척이며 잠이 오지 않는다. 처음부터 단추가 없는 옷을 입으면 삶이 더 행복하지 않았을까? 라는 생각을 하며 미소를 띤다.

"단추 없는 옷이 더 편해. 여기 입어봐. 그것 없어도 아무 문제 없어."

누군가 유혹하는 목소리가 저 멀리서 들린다.

두 번째 탈, 남편

늦게 들어온 아내는 집에 들어오자마자 잔소리를 늘어놓는다.

"고슴도치 물통이 말랐잖아!"
"낮에 밥은 주었어."
"아니, 그러면 물도 줬어야지!"
"밥 줄 때는 물통에 물이 충분히 있었어."
"도대체 뭘 한 거야."
남편은 아무 말 없이 방문을 쾅 닫고 들어간다.
나는야 오매불망 고슴도치이다.

이유는 50대가 되고부터 마음이 뾰족뾰족해서다. 가족과 대화하기 싫으며 아내 잔소리를 듣게 되면 방문을 닫고 나오지 않는다. 다 큰 아이들 얼굴을 보기 싫으며 대화를 나누고 싶지 않다. 또한 아내는 최근에 재취업을 해서 회식을 하고 늦게 들어오는 날에 어제와 같이 잔소리를 반복한다. 그리고 일이 늘 바쁘다며 집에 오면 짜증이 심하다. 그 소리가 듣기 싫어 거실에 어슬렁거리지 않는다. 외톨이 마냥 안방에 들어가 조그만 TV를 친구 삼아 볼륨을 높이고 혼자 본다. TV 속 드라마를 보는데 눈물이 주르륵 흘러내리고 인생이 무언지 되돌아보게 된다. 마음이 어디로 향하는지 자꾸 눈물이 나오고 작은 일에 상처를 받으며 마음이 뾰족하여 주체할 수 없는 화를 잠재우지 못한다. 지금까지 가정을 위해 돈 버느라 고생했는데 요즘 들어 아내와 자식들의 무시하는 말투가 거슬린다. 여전히 가장으로서 대우받고 싶은 마음이 한쪽 구석에서 요동치는데 반대로 향하는 느낌이 들 때면 외롭다. 이제는 편안한 삶을 위해 모든 것을 내려놓고 싶은데 그것마저 손에서 놓으면 가족들이 나에게 어떻게 행동할지 두렵다. 그래서 아직도 꾸역꾸역 눈치 보며 직장에 다니고 있다.

"그동안 먹고살기 위해서 해왔던 일들이 과연 하고 싶어서 했던 것들일까?"

회사 책상에서 컴퓨터를 볼 때 초점이 흐려져 돋보기를 끼거나 안경을 들썩이며 도끼눈을 뜨고 일을 한다. 직장 후배에게 서툰 솜씨로 일하는 것을 보이기 싫어 악을 쓰며 달려든다. 입은 청산유수로 좔좔 말할 수 있는 실력을 갖췄으나 눈과 몸은 점점 삐거덕거린다. 엊그제까지 머리도 팔팔했는데 옛날만큼 잘 돌아가지 않는다. 그나마 이 나이까지 입은 살아 있어서 참 다행이다. 언제까지 직장에 다니려는지 알지 못한다. 하지만 그제도 어제도 오늘도 낡은 구두를 신고 직장에 나간다.

어제는 정말 화가 많이 났다.
아내가 집에서 키우는 고슴도치에게 물을 주지 않았다며 타박이다. 상대하기 싫고 듣기 싫어서 대꾸도 하지 않고 방문을 쾅 닫고 들어갔다. 내가 고슴도치 챙기는 사람도 아니고 심기가 불편하고 화가 난다. 밖에서 딸의 작은 목소리가 들린다.

"아빠, 갱년기야?"

아내와 딸이 주거니 받거니 서로 이야기를 나눈다. 방에 있으니 더 이상 그들의 목소리가 들리지 않는다. 둘이 소곤거리는 상황이 괴롭고 갱년기라고 함부로 말하는 것이 성가시다. 그것이 너무 빨리 찾아와 당황스럽기도 하다. 주체하기 힘든 외로움이 밀려들면 길을 걷다가도 음악을 듣다가도 눈물이 죽 흘러내린다. 무엇을, 왜, 어떻게 살아가야 하는지 알지 못하기에 마음이 더욱 허전하다. 어떻게 하면 나아지는 건지, 무엇을 찾으려고, 무엇을 알고자, 그렇게 열심히 살았는지, 정신과 의사를 찾아가 묻고 싶어서 흐릿하게 보이는 핸드폰 화면을 들여다보고 손가락에 힘을 주며 안경을 벗어 들고 버튼을 누른다.

한 가정의 가장으로 20년 동안 열심히 살아낸 그에게 따뜻한 위로의 말을 전하고 싶다.

"그동안 고생했어. 이제 너의 등불이 되어줄게."

등불이 낡고 많이 고장났지만, 필요할 때마다 언제든지 환하게 밝혀주려 한다. 항상 온전한 빛으로 도움을 줄 수 없지만 밝은 빛이 되도록 노력하려고 한다. 아무도 찾는 이 없어서 답답할 때도 있지만 당신이 언제든지 사용할 수 있도록 빛을 유지하려고 한다.

세 번째 탈, 아내

어느덧 혼자가 된 지 8개월이 지났다. 크리스마스라서 옆구리가 시리고, 더욱 그리워진다. 보고 싶고, 만지고 싶고, 쓰다듬고 싶지만 하니가 뜨끈한 아랫목에 자리하지 않는다. 하니 생각이 날 적에 하니가 입던 옷을 꺼내 입어본다. 하니가 쓰던 물건을 버렸지만, 꼭 간직하고픈 몇 가지는 지니고 있다. 그래서 하니가 주로 입던 경량 패딩을 꺼내 걸쳐본다. 알록달록 무늬가 없고 크기가 조금 작지만 잘 어울린다. 입고 있으면 하니의 향내가 느껴져 포근한 마음을 가진다. 28년 평생을 같이 살면서 한 번도 싸운 적이 없다. 너그러운 마음의 하니 덕분에 큰소리치는 날 없이 행복한 나날을 같이했다. 나 또한 하니에게 거슬리는 행동을 하지 않아서인지 가끔 하니의 잔소리가 듣고 싶어진다. 하니가 착용했던 스마트워치를 차고 앞으로 혼자 남은 시간 여행을 어떻게 보내야 하는지 상상해 본다. 비록 보이지 않지만, 저 멀리서 응원하고 있을 테니 즐거운 마음으로 남은 생을 신나게 지내려 한다. 그리고 하니와 추억을 가진 마지막 남은 보물을 이야기하고 싶다. 젊을 때 끼지 않던 결혼반지를 꺼내 요즘 끼고 다니며 하니 생각을 하나씩 떠올려 본다. 반짝이는 반지 속에 하니의 웃는 얼굴이 보인다.

나의 하니.
그리운 하니.
보고 싶은 하니.
깨물어 주고 싶은 하니.
어깨를 나란히 하고픈 하니.
숟가락으로 국을 같이 들고픈 하니.
침대 위에서 발가락을 부비고 싶은 하니.
같은 음악을 들으며 이어폰을 나누고픈 하니.
더 자주 보여주면 좋을 텐데, 가끔 꿈에 나오는 하니.

혼자 산다고 음식을 거르거나 하지 않는다. 세끼 건강식으로 꼭 챙겨 먹고 있으니 안심해도 된다. 채소 위주로 먹고 하니가 늘 챙겨준 견과류도 주문해서 먹고 있다. 하니가 지인에게 얻어온 발효유를 우유에 섞어 생각날 때마다 만들어 먹고 있다. 건강을 생각하는 나이가 되니 최근에 더욱 바쁘게 지내고 있다. 맨발 걷기와 근력운동, 문화센터에서 영어 회화를 배우고 있으니 매일 시간이 금방 지나간다. 점점 하니의 얼굴이 흐릿해지기 전에 시골 무덤에 가서 하니를 보살피고 싶다. 가서 하니를 얼싸안고 50이 넘어서도 늘 하니라고 불렀던 그대로 소리쳐 본다.

"하니, 나의 하니, 너무나 보고 싶어."

하니가 떠난 후 100일 동안 혼자 울며 지냈지만, 점점 희미해지는 것을 잘 알고 있다. 그럼에도 그리운 마음 평생 간직하려 한다.

"나의 하니, 옆에 있을 때 더 잘할걸."

지금 와서 후회가 밀려온다. 단 한 번만이라도 볼 수 있다면 얼마나 좋을까 마음을 찬찬히 쓸어내린다.

그렇게 사랑한 아내를 떠나보낸 그가 참으로 안쓰럽다. 그리운 마음 붙잡으려는 그에게 누군가는 좋은 인연을 다시 찾으라고 말한다. 혼자 사는 것에 대한 불안과 무기력함을 안겨줄 때도 있지만 그가 잘 이겨내리라 믿는다. 아내가 그의 품을 떠났지만, 여전히 그의 가족이다.

네 번째 탈, 부모

엄마가 있다. 혼자 사는 엄마가 갑자기 추운 겨울 이후로 급격하게 체력이 떨어지고 감기를 심하게 앓더니 허리 쪽에 대상포진이 발견된다. 처음에 별거 아니라고 생각했는데 면역력 저하로 생긴 것이라는 의사의 말대로 약 처방을 받고 편히 쉰다.

어느 날 옆집 아주머니께서 전화가 와서 받아보니 엄마가 경찰서에 계신다고 말한다.

추운 겨울에 신발을 신고 밖을 나갔다. 평소에 늘 가는 길이라 걱정하지 않고 나선다. 얼마나 걸었는지 기억이 나지 않고 몇 시간을 헤매고 있는지 아무 생각이 없다. 그러다 지나가는 경찰차가 앞을 가로막는다. 창문이 열리며 경찰관이 묻는다.

"할머니, 어디 가세요?"
"어디 가는지 모르겠어요."
"우선 추우니까 차에 올라타세요."
"아니에요. 그냥 두세요."
"날이 추우니 차에 타고 이야기하셔도 돼요."
"알겠어요. 그럼, 실례할게요."

그리고 경찰서에 도착하여 신상을 이야기한다. 한 번도 정신줄을 놓은 적이 없는데 어쩌면 좋으냐 말이다. 아들, 딸이 걱정할까 봐 옆집 아주머니에게 전화기를 돌린다.

"나 지금 여기 있노라고."

그 사건 이후로 엄마를 만나러 시골에 갔다. 혼자 있으니, 음식을 잘 먹지 않고 영양실조까지 겹쳐서 기억을 잃었다고 의사가 진단한다. 초기 치매 증상이라고 이마에 굵은 글자를 새겨준다. 가족들과 상의하여 엄마를 요양원으로 모시기로 했다. 24시간 돌볼 수 있는 자식이 없기에 잘한 결정이라는 판단을 하고 엄마를 요양원으로 보냈다. 그런데 요양원에서 하루에 한 번씩 살려달라는 전화를 받는다. 매일 전화해서 지옥에서 못 살겠다며 엄마가 악을 쓰며 요청한다. 어쩔 수 없이 엄마를 요양원에서 집으로 모셔 온다. 그러면 누가 돌봐야 하는 걸까? 아들인 내가 엄마를 돌보기로 한다. 엄마를 매일 보듬어야 하는 게 걱정이지만 치매가 아직 심하지 않아 견딜만하다. 어느 날 친구가 밥을 먹자며 전화가 온다. 엄마 혼자 집에 둘 수 없어서 같이 나간다. 친구가 앞에서 나를 딱하게 지켜본다. 하지만 아들로서 엄마를 더욱 사랑스럽게 돌봐야 한다. 엄마가 갑자기 한마디 한다.

"남편, 이거 조기 맛있겠으니, 숟가락에 얹어주라."

이제 아들이기도 하고 남편이기도 한 지금의 삶을 좋게 받아들일 준비를 해야겠다.

먼 훗날에 이 이야기가 나의 이야기가 될 수도 있고 당신의 이야기가 될 수도 있다. 마처세대라고 들어봤는가? 마처세대는 부모를 부양하는 마지막 세대이자 자식의 부양을 받지 못하는 처음 세대라고 한다. 중년이 되면 그렇게 다가올 현실을 고스란히 마주해야 한다. 그렇다면 어떻게 살아가야 하는지 답을 찾아 슬금슬금 기어가 보도록 하자.

이효진(채코) 작가

탈 벗기기

명상

중년이 되고부터 몸과 마음이 허전하다. 무엇을 어디서부터 챙겨야 하는지 답답하다. 그래서 명상이 살아가며 꼭 필요하다. 명상하는 이유는 2가지이다. 첫 번째는 호흡을 통해 건강을 챙기고 두 번째는 스스로 마음을 다스리면서 내면의 힘을 기르는 것이 필요하다. 기 센 사람이 되고 싶은가? 세 보이고 싶은가? 기가 세면 뭐가 있나? 다 부질없으니, 욕심을 버리고 명상으로 몸과 마음을 다지도록 한다.

1. 조용히 침대 위에 앉는다.
2. 핸드폰으로 15분 알람을 누른다.
3. 손바닥은 위로 향하고 무릎에 살포시 얹는다.
4. 들숨은 배가 나오고 날숨은 배가 들어간다.
- 비염을 달고 살더니 코가 늘 막히고 호흡이 안 되니 입을 벌리고 잔다.
- 입이 점점 튀어나온다.
- 블루투스 이어폰 사용 후 어느 날부터 귀가 점점 안 들린다.
- 명상으로 호흡하며 건강을 챙기고 살자.
5. 아주 천천히 반복적으로 호흡한다.
6. 눈을 감고 생각에 잠긴다.
- 귀가 잘 들리게 해주세요(나는 46살에 노인성 난청이다).
- 오늘도 사건 사고 없이 일찍 퇴근하게 해주세요.
- 오늘 일 순서 잘 기억하게 해주세요.
- 몸에서 글발이 극도로 솟게 해주세요(원하는 건 모두 요구해 본다. 아니면 말고 정신이 필요하다).
7. 알람이 울리면 후다닥 출근한다.

고등학교 다닐 적에 학원에 보내달라고 그렇게 졸랐다. 엄마는 늘 돈이 없다며 나를 달랬다. 조르고 졸라 학습지를 하게 된다. 공부를 못하는데 친구들이 모두 하기에 유행 따라 시작이다. 그런데 그 학습지에 명상하는 법이 나온다. 그때부터 나는 미지의 세계를 탐구하듯 명상에 임한다. 나에게 학습지는 공부를 위한 도구는 아닌가 보다. 명상 칼럼이 더 재미있으니 이를 어쩌나?

스무 살 적에는 산악회에 가입하여 전국의 산을 주말마다 다녔다. 산 중턱 바위에 떡하니 앉아 명상한다. 주위 친구들이 원숭이 보듯 하지만 신경 끄고 계속한다. 무언지 잘 알지도 못하면서 흉내 내기는 1등이다.

46살의 나이에 이제는 마음을 다스려야 화가 없으며 병이 생기지 않고 하루가 편안하다. 쓸데없이 화를 내서 다른 사람의 기분을 상하게 하지 않는다. 그래서 마음 다스리기에는 필수이다. 병을 미리 방지하고 싶은가? 명상을 시작하라. 긍정적으로 생각하게 되며 에너지가 샘솟는다. 병원 갈 일 없으며 병이 없으니, 극도로 돈을 아낄 수 있으며 실 보험이 필요 없다. 제발 보험 좀 그만 들어라. 돈 벌어서 남 주는 인생이 제일 안타깝다.

세상에 태어나는 순간 모두 힘이 들어서 남 탓을 하며 살아야 마음이 위로되고 편안하다. 그렇게 남을 탓하고 핑계 대면서 무언가 안 해도 되는 나만의 고집과 습관이 생기면 아무 생각과 행동 없이 시간을 낭비한다. 나는 '아무나'이다. 우리는 그렇게 어쩌다 보니 가족이 되어서 한 지붕 아래서 살게 된다. 이 모든 근심은 명상을 통해 화풀이한다. 조금씩 나아지는 당신의 모습을 볼 수 있으며 인생이 그림 그리듯 술술 풀린다.

"술 먹고 몸에 나사가 풀리는 건 아니 되올시다."

달리기

마라톤 소식지인 《포커스》라는 잡지를 보고 처음 마라톤을 시작한다. 계속되는 야근으로 달리기 연습은 시작도 못 한다. 잡지에 나온 독일 마라톤을 접수했는데 날짜가 다가와서 초조하다.

그렇게 독일 마라톤 패키지를 신청으로 무작정 비행기에 오른다. 한번 결심하면 그냥 한다. 혼자 노는 것을 좋아해서 누구에게도 이야기하지 않는다. 특히 속내를 드러내는 것을 싫어하니 조용히 다녀온다. 누군가와 부대끼며 싸우고 할퀴고 마음이 속상하고 괴로우니 외로이 출발이다. 비행기 안에서 아마추어 마라토너를 만난다. 치과의사, 동두천시 의장,

철도청 차장, LG그룹 대리(사내 마라톤 대회에서 여자부 1등, 공짜 항공권으로 탑승) 등 다양한 직종의 사람들과 어울려 지낸다. 그들은 비행기 안에서도 스트레칭으로 몸을 수시로 놀린다. 몸을 아끼고 끊임없이 움직이며 초짜인 나에게 마라톤 정보를 준다. 호기심이 가득한 얼굴로 그들의 정보를 빨대로 꽂고 쪽쪽 빨며 쉼 없이 작은 수첩에 메모한다. 먼 나라에서 42.195km를 달린다. 연습을 안 했으니 딱 죽을 맛이다. 소변이 마려운데 화장실이 보이지 않는다. 달리는 중에 하늘에서 물 샤워가 나오기에 실례를 한다. 조금 미안하고 창피하지만 어디 들어가기에 내 정신과 육체가 말이 아니다. 20km쯤에 저승사자가 나에게 다가온다. 그렇게 구급차에 실려 종점에 도착했는데 다들 선수인 양 늦게 온 나만 눈 빠지게 기다리고 있다. 그들 모두 몸을 잘 다졌으니 무사히 완주한 모양이다. 멋모르고 무모한 도전을 하는 나는 멍텅구리이다. 그 이후로도 나는 마라톤이 좋다. 혼자 뛰며 여러 가지 잡생각을 한데 모아 다시 생각하고 다지고 엮기를 반복한다. 길고 긴 인생 심심하지 않으려고 오늘도 달리고 내일도 달린다.

"나는 그냥 한다. 마음이 동하면 무엇이든 한다."

놀이

　중년의 나이에 자녀를 교육하기 위해, 부모를 잘 모시기 위해 쉬지 않고 일한다. 하지만 최종적으로 잘 놀기 위해서 일한다. 노는 것을 무척 좋아하니 집에 가만히 있는 것을 싫어한다. 매일 반복되는 일상이 지루하므로 주말에는 산에 올라가고 퇴근길에 다른 길로 걸어가며 새로운 상점을 구경하면서 지루함을 벗어 던진다. 그래서 집에 있지 않고 신발을 신고 밖으로 나간다. 주말이면 갈 곳이 훤히 보인다.

　산에 올라가다 보면 해가 환하게 뜨는 모습을 볼 수 있다. 사진 속에 그 장면을 담아두고 싶지만, 그 모습이 핸드폰 속으로 쏙 들어가지를 않는다. 시어머님은 산나물을 캐거나 송이버섯, 능이버섯을 따러 가지 않는데 산에는 뭐 하러 가느냐고 타박하신다. 작물을 취하려고 산에 가는 것이 아니라 신선한 공기를 마시고 나무에서 나오는 좋은 기운을 받으려고 산에 간다. 먼 곳을 바라보고 있으면 그것이 모두 내 품 안에 있다. 저 앞에 보이는 롯데타워와 남산타워를 1층부터 꼭대기까지 휘둘러본 기분이 든다. 사계절 아무 때나 갈 수 있고 늘 한결같이 반겨주는 이가 있는 산을 그렇게나 좋아한다. 등산화도 필요 없다. 낮은 산은 운동화만 있어도 쉽게 갈 수 있다. 밖에 나가서 시원한 공기를 마시며 새로운 에너지를 받을 수 있다. 새로운 기운을 받으려고 점집에 가서 복채를 주는 이도 있지만 떠오르는 태양의 좋은 기운을 받으려고 산에 가는 것을 더욱 좋아한다. 가끔 어느 기운이 더 센지 대결하고 싶은 마음이 든다. 복 기운과 산 기운 중에 누가 더 센지 무척 궁금하다.

"또 어디 가니?"
시원한 여름이 다가왔으니 물놀이하러 간다. 선수들은 5월 초부터 바쁘게 준비한다. 하지만 강물이 너무 차디차니 6월 말에 시작하고 수영복을 챙겨서 양평으로 출발이다. 웨이크보드를 타려면 몸의 균형을 살려야 하기에 가벼운 마음으로 보드 위에 발을 올린다. 차디찬 물속에 들어가 다리에 힘을 주고 호흡을 깊게 하고 긴장을 풀고 가슴을 쭉 펴면서 두 다리를 서서히 펴고 가벼운 마음으로 일어선다. 손잡이를 잡고 강을 가르며 물살을 헤치고 앞으로 나아간다. 넓고 푸른 산이 보이고 시원한 바람과 햇살까지 한 몸에 받아서 가슴이 뻥 뚫리는 기분이 든다. 그렇게 한 바퀴 돌면 "어머나, 너무 빨리 끝난 거 아니야?"라는 여유도 부릴 수 있다. 나에게 어울리는 옷을 찾아가듯이 내가 좋아하는 놀이, 나에게 맞는 놀이, 즐거움을 주는 놀이를 찾았으면 좋겠다.

"나랑 놀아줄래?"

그렇게 또 신나게 놀아보자. 살랑살랑 바람이 부는 날에는 자전거를 탄다. 꽃이 피고 나무가 푸르른 모습을 사진에 담아놓으면 어떤 때는 그것이 여느 미술가가 그려놓은 풍경화처럼 멋진 작품이 되기도 한다. 그 속에서 행복감을 느끼고 사진 한 장으로 추억을 만든다. 두 시간쯤 자전거를 탔다면 땀이 송골송골 맺히고 팔뚝에 하얗게 소금이 일어난다. 지치고 힘이 들면 평상에 벌러덩 누워 해를 가리고 낮잠을 청한다. 피곤하게 달렸으니 조금 쉬어간다고 탓하는 이가 전혀 없다. 이렇게 논다고 죄책감을 가지거나 누군가가 손가락질한다고 다른 사람을 의식하며 살지 않아도 되니 하고 싶은 것 하면서 여유로움을 만끽한다.

바람 부는 날, 비가 내리는 날, 해가 쨍하고 뜨는 날, 아무 때고 놀면서 삶의 에너지를 충전한다. 자식, 남편, 아내, 부모, 그 가면들을 모두 벗어 던지고 신나게 놀아보자.

여행

훌쩍 떠난다. 짐이 많을 필요 없다. 일상의 고민을 잠시 잊으려고 발에 모터를 달고 떠난다. 회사에 들어가자마자 동료가 해외여행 저가 항공권을 구매하라고 안달이다. 멋모르고 4박 5일 비행기 항공권을 구매한다. 도착하는 첫날에 야간 택시에서 돈을 3배로 주지 않으면 문을 열지 않는다는 협박을 받기도 하고 태풍이 몰려와서 바다가 뒤집히는 바람에 요트 투어가 취소되는 등 여러 가지 경험을 쌓으며 좌충우돌 가족여행이 시작된다. 동료가 짜준 일정으로 하나씩 임무를 완성하면서 딸과 추억을 가진다. 가이드가 있는 패키지여행과는 확실히 다른 느낌이다. 자유롭게 시간을 쓸 수 있고 먹고 싶은 음식을 먹을 수 있으며 다양한 스포츠를 선택하여 즐길 수 있다. 처음이 어렵지, 마음먹으면 누구든 쉽게 가능하다.

1. 스카이 스캐너 및 트립닷컴에 들어가 저가 비행기 항공권을 찾는다(늘 실시간으로 들어가 촉을 세우고 검색한다).
2. 출발하기 6개월 전에 검색하기를 추천한다.
3. 일정에 맞는 저가 항공사가 뜨면 기억해 둔다.
4. 그러나 스카이 스캐너에서 구매하지 않는다.
5. 직접 항공사에 들어가 구매하기를 추천한다(코로나 기간에 항공비용을 날릴 뻔한 경험을 가지기 때문이다).
6. 요즘은 한국어로 번역이 되니 핸드폰으로 손쉽게 예약

이 가능하다.
7. 맘에 드는 일정과 가격이 정해지면 순서대로 글자를 입력하고 금액을 내면 된다.

이처럼 마음을 먹고 기다리다 보면 여행 가는 날이 금방 다가온다. 떠날 준비가 되면 현지의 음식을 맛보고 새로운 문화와 경험에 취하고 자유와 모험을 추구하며 새로운 언어를 배우는 것을 즐기면서 현지의 사람들과 대화하며 자기 능력을 시험할 수 있는 기회를 가진다. 휴식과 여유를 가지며 몸과 마음을 회복시키고 새로운 에너지를 충전할 수 있다.

"올해는 또 어디 가니."

글쓰기

책과강연(출판기획 에이전시)의 백일백장 글쓰기에 참여한다. 무모한 도전이라 다른 이에게 말도 꺼내지 않는다. 그러나 시작했다면 핑계 대지 않는다. 내가 왜 이걸 해서 머리가 지끈지끈 아프지? 이러다 진짜 아프면? 그럼, 주말에도 쓰는 거야? 밤 12시 안에 글을 제출하지 못하면? 남들이 내 글 보고 뭐라고 하는 거 아냐? 쓸데없이 고민하고 걱정하며 하세월을 보내지 않는다. 느낌 가는 대로 죽 써 내려간다. 그러다 보면 종착점에 도달하겠지?

누구는 하고 누구는 못하고 비교하고, 도태되고, 다시 맘 잡고 소란 피우고, 눈물을 흘리고, 머리를 쥐어짜고 다 필요 없다. 그냥 하면 누구든 된다. 요 글쓰기란 놈은 노인이 되어서도 직업을 가진다. 못 쓴다고 누가 혼내지 않는다. 잘났다고 대꾸하는 이 없다. 내 글에 그다지 관심을 가지지 않으니 심장 뛰고 어쩌고도 없다. 그래서 나는 오늘도 쓰고 내일도 쓴다.

이렇게 글쓰기가 습관으로 자리 잡으니, 마음이 설레고 계속하고 싶은 욕구가 생긴다. 크고 넓게는 어떻게 살까를 고민하게 되고 읽고 쓰는 삶이 나에게 잘 어울리게 된다. 점점 나에게 맞는 옷의 스타일과 색을 찾아가는 그 인생길이 즐겁다. 그렇게 글 쓰는 삶이 계속된다.

중년을 위로하려면 무슨 소양을 갖추어야 하는지 어떤 위로를 해야 하는지 누군가에게 안심하고 마음이 끌려 글을 읽고 감동이 밀려들고 때로는 고개를 끄덕이며 눈시울이 붉어지게 만들거나 화통하게 웃는 글을 선사하고 싶은 마음이다. 깊이 생각할 시간을 주어 마음속에 응어리를 가진 무언가 외로움, 괴로움을 녹일 수 있는 비법이 나올 거라는 확신을 가지고 눈에 날을 세우고 글쓰기에 임한다. 그렇게 고민하면서 책을 뒤적이다가 좋은 문장을 발견한다.

> 상처받지 않는 삶은 없다. 상처받지 않고 살아야 행복한 것도 아니다. 누구나 다치면서 살아간다. 우리가 할 수 있고 해야 하는 일은 세상의 그 어떤 날카로운 모서리에 부딪혀도 치명상을 입지 않을 내면의 힘, 상처받아도 스스로 치유할 수 있는 정신적 정서적 능력을 기르는 것이다. 그 힘과 능력은 인생이 살만한 가치가 있다는 확신, 사는 방법을 스스로 찾으려는 의지에서 나온다. 그렇게 자신의 인격적 존엄과 인생의 품격을 지켜나가려고 분투하는 사람만이 타인의 위로를 받아 상처를 치유할 수 있으며 타인의 아픔을 위로할 수 있다.
>
> - 《어떻게 살 것인가》, 유시민

읽고 또 읽어도 좋은 문장이니 저절로 위로된다. 중년의 나이가 되어 자식과 말을 섞지 않거나 남편과 이혼 또는 사별했거나 치매가 있는 부모를 모시거나 각자 자신이 가진 상처를 얼마만큼 치유할 수 있는지를 가늠하려면 내 마음을 읽어야 한다. 그 마음을 읽으려면 글쓰기가 가장 큰 도움이 된다. 글을 쓰다 보면 내면이 가진 진실을 들여다보고 자신을 돌볼 수 있으며 어느 순간 가장 아프다고 생각했던 것들이 넓은 석재 바닥에 떨어져 깨진 유리 조각이 되어 빗자루로 쓸어 담으면 그만인 것으로 변한다. 이제 그것은 어디에서도 찾을 길이 없다.

"그 아픔은 처음부터 누구의 것도 아니야."

본래 주인이 없다. 아무것도 아닌 것을 가지고 고민하고 아파하지 않는다. 글을 쓰다 보면 알게 되는 사실이다.

강연

친구들 모임에서 듣기만 한다. 재미있게 말하는 친구가 늘 정해져 있으니 말할 틈이 보이지 않는다. 충청도 출신이라 말이 느리고 눈치가 없으니 말할 순서만 기다리다가 모임이 끝난다. 한마디로 나의 말솜씨는 루저에 가깝다. 말하는 것은 다른 사람의 얼굴을 보고 웃으면서 눈 맞춤을 해야 하지만 글쓰기는 혼자 상상한 것을 마음대로 표현할 수 있다. 그래서 말보다는 맛깔난 글쓰기가 더 흥미롭다. 그렇게 글쓰기를 하면서 문장들이 머리 위로 둥둥 떠다닌다. 어떤 내용을 글감으로 정해야 하는지 매일 낚시질하는 기분이다. 물고기가 사라지기 전에 그것들을 주워 담아 블로그에 포스팅한다. 독서와 글쓰기를 반복하니 나만의 개성 있는 문장이 완성된다. 때로는 유명한 학자들의 문구보다 더 훌륭한 문장들이 번쩍 떠오르면 혼자서 감탄한다. 머릿속이 아이디어 뱅크가 된다.

"와! 너 대단한 문장가구나."

플라톤, 아리스토텔레스, 프로이트 등 철학자들과 씨름을 한판 하고 온 기분이다. 그러다 우연히 독서 모임에 참가한다. 들어가자마자 강연을 해보라고 요청한다. 밑도 끝도 없이 바로 도전한다. 그러나 책을 선정하여 누군가에게 지식을 말로 전달하는 것이 쉽지 않다. 그래서 첫 번째 강연은 글쓰기 한 본문을 A4 용지 3장으로 프린트해서 20분 동안 그대로 읽는다. 못난 말솜씨를 듣고도 누구 하나 "못한다.", "그만해라.", "듣기 싫다." 등 토를 달지 않는다. 대신 "천재가 분명하다.", "산소 같은 존재이다."라며 마음을 보듬어 주신다. 이러한 경험을 하니 강연이라는 것을 쉽게 멈출 수 없다. 마약 김밥, 마약 토스트, 마약 수프처럼 '마약 강연'이라고 말하고 싶다. 칭찬을 듣게 되면 더 잘하고 싶은 욕심이 생긴다. 고래가 물속에서 혼자 탭댄스를 추는 기분이다. 그러면서 목소리에 관해서 관심을 가진다. 어떻게 하면 또박또박 목소리의 강약을 표현해야 하는지 전문가에게 문의한다.

1. 의자에서 등을 뗀다.
2. '가, 나, 다'를 한 문구씩 말한다.
3. 짧고 굵게 강한 어조로 이야기한다.
4. 스타카토의 음색을 유지하고 치고 빠지는 느낌이다.
5. 말하면서 뱃속의 깊은 에너지가 입 밖으로 나가야 한다 (뱃살 다이어트가 저절로 된다).
6. 마지막으로 목소리에 큰 울림이 들어가는 것이 중요하다.
7. 개미만큼 작은 소리를 입안에서 혼자 옹알거리면 혼잣말이 되어 꼭꼭 숨어버린다.

그러고 나서 시도 때도 없이 '가, 나, 다'를 반복한다. 때로는 화장실에 들어가 샤워기를 '청중' 삼아 반복적으로 연습한다. 하늘에서 쏟아지는 따뜻한 물이 나를 보며 활짝 웃는다. 제비가 비바람을 헤치고 따뜻한 남쪽 나라 동남아시아로 시속 5km로 나는 중이다. 나중에는 시속 250km로 날 수 있도록 연습을 거듭할 작정이다.

"사장님, 콩나물 더 주세요."

어느새 식당 아주머니를 부를 때도 자신감이 붙는다.
두 번째 강연은 핵심 문장을 선정하고 강연에 임한다. 직장에 나가야 하니 평일 새벽 2시 30분에 눈을 뜨고 그림과 문구를 넣어서 강연 자료를 만든다. 어디서 몸의 에너지가 나오는지 알 수 없지만 쪽잠을 자고도 콧노래가 절로 나온다.
세 번째 강연은 백지 테스트를 시도한다. 강의 자료를 만들면서 공부한 내용을 블로그에 떠오르는 대로 써 내려간다. 막히는 부분이 나오면 흘끔흘끔 자료를 다시 보면서 완성한다. 백지 테스트를 두 번 반복하니 강연할 때 순서가 떠오른다. 처음에 떨리는 마음이 가득하여 말이 제대로 나오지 않았지만, 차츰 마음을 비우고 아는 만큼 설명한다. 이러한 마음가짐을 가지고 강연을 하니 신이 난다.

"가끔 반짝이는 별이 되고 싶은 착각에 빠지기도 한다."

이 순간을 누군가와 함께하고 싶고 중년의 고귀한 품격을 서로 나누며 달리기, 놀이, 여행으로 좋은 기분을 유지하고 명상, 글쓰기, 강연으로 생각의 깊이를 더한다. 언젠가 더 넓은 세상에서 중년으로 마음 아파하는 이들에게 도움이 되는 사람이 되고 싶다.

"되고 싶고 하고 싶은 일이 많은 이는 절대 늙지 않는다."

일상에서 책과 영화 애니 전시회 콘서트 문학관 등을 적극적으로 찾아다니며 생생한 인문학을 누리고 즐기며 생활에 적용하며 사는 사람입니다.

저서
《나는 글쓰기로 설렌다.》, 공저, 인천광역시교육청(2023)
별을 사랑한 소년(2023년) 공저 – 인천광역시교육청중앙도서관
《도란도란 사각사각》, 공저, 인천광역시교육청중앙도서관(2023)
《나를 위한 초단편 소설 쓰기》, 공저, 인천광역시교육청주안도서관(2024)

수상
2024년 인천 새얼백일장 산문 부문 장려상 수상
2024년 전국 고전백일장 동상 수상

그 외
인문학향기충전소 공동진행자

SNS
https://blog.naver.com/reu185
https://brunch.co.kr/@d44e726af39c464

인생의 프로에게 드리는 글

문현주(쥬디) 작가

차례

자녀와 취미를 공유해요
박지원을 만나다
꼰대 씨의 하루
이렇게 해주면 참 좋을 텐데?!
애니메이션 〈소울(Soul)〉을 감상하고

문현주(쥬디) 작가

자녀와 취미를 공유해요

– 자녀와 할 말이 없다고요? 함께 만들면 됩니다

    쥬디는 중학생 아들의 친구 엄마들을 만나러 브런치 카페로 향했다. 뽀얗게 화장하고 옷장 속 가장 예쁜 옷으로 골라 입고 나온 엄마들 6명이 앉아 있었다. 쥬디는 엄마들의 이야기를 듣는 동안 하품이 나오는 걸 간신히 참았다. 이야기 주제는 대부분 당신 아이는 어느 학원 보내냐, 성적은 올랐냐 떨어졌냐, 애들이 사춘기라 말을 너무 안 듣고 대화도 안 되고 문을 쾅 닫고 들어간다. 방에서 나오지도 않는다. 게임을 너무 많이 해서 짜증난다. 등의 이야기와 시월드 이야기, 어디 유명 여행지 놀러 갔다 온 이야기들이 전부였다. 다들 눈을 동그랗게 뜨고 목소리는 하이톤이 되어 처음의 점잖은 척

하던 모습은 사라지고 자녀의 단점을 고발하러 나온 사람 모드로 변해간다. 쥬디는 엄마들에게 예전의 자기 모습을 발견한다. 그리고 이제는 그 좁은 세계에서 빠져나온 걸 다행스럽게 여긴다. 엄마들에게 자녀가 사춘기여도 얼마든지 소통할 주제가 차고 넘친다는 걸 알려주고 싶다. 그러나 어차피 말해도 들리지 않을 거다. 쥬디도 그랬으니까. 서둘러 집으로 간다. 가자마자 TV를 켠다.

"잇세 노 세데 후미코무 고 라인 보쿠라와 나니모 나니모 마다 시라누."

(하나 둘 셋에 내딛는 시작점 우리는 아무것도 아무것도 아직 몰라)

일본 애니메이션 〈나루토 질풍전〉의 오프닝 음악이 신나게 흘러나온다. 쥬디의 얼굴이 환해진다. 쥬디는 요즘 애니메이션에 빠졌다. 세상에 애니가 이렇게 재밌을 줄이야. 오늘 아들이 학교에서 오면 나루토의 변신술에 대해 이야기하기로 했다. 사실 쥬디는 얼마 전까지 사회가 요구하는 틀과 시스템에 맞춰 살고 있었다. 다른 엄마들처럼 생각하고 비슷한 주제로 말하고 애들 탓을 했다. 나보다 타인에 더 많은 초점을 두었다. 애들이 공부를 아주 잘해서 최고의 대학과 직업을 가졌으면 바랐다. 큰아들은 비교적 쥬디가 시키는 대로 따라와 주었다. 문제는 작은아들이었다. 독특한 작은아들 덕분에 쥬디의 생각하는 방식은 180도 바뀌었다. 아니 바꿀 수밖에 없었다.

작은아들을 유치원에 보낼 무렵부터 쥬디네는 매일 아침 등원 전쟁을 치렀다. "일어나!" 아무리 깨워도 작은아들은 이불을 꽉 잡고 절대 일어나지 않았다. 어르고 달래고 몇 대 때려도 요지부동이었다. 몇 번 다녀보니 재미없다며 가는 걸 거부하기 시작했다. 유치원 교사에게 "그냥 출발합니다."라는 전화를 받으면 옷을 입혀 억지로 손을 잡고 뛰기 시작했다. 이마에 송골송골 식은땀이 났다. 이때 그 누가 알았으랴. 이것이 앞으로 10년 이상 이어질 긴 시초일 줄을… 간신히 유치원에 가면 친구들과 다퉜다고 전화가 온다. 초등학교에 가서도 마찬가지였다. 아이는 단체생활의 규칙을 싫어하고 말보다 몸이 먼저 나갔다. 야무지고 찰진 욕부터 배워 아무에게나 써먹었다. 쥬디에게도 마구 날렸다. 말이 항상 공격적이라 주변 사람들을 적으로 만든다. 혼내도 소용없었다. 지각은 필수고 결석은 선택이었다. 아이를 상담센터에 데려가고 약도 먹여봤다. 큰 차도가 없었다. 쥬디는 아이가 평범하지 않은 게 부끄러웠다. 예의 한탄하는 문구가 생각났다.

"내가 무슨 죄를 지었기에 저런 애가 나에게 왔나."

그런데 어쩌랴 이미 쥬디의 옆에 착 달라붙어 있는 것을. 쥬디의 얼굴은 점점 어두워지고 초조해졌다. 엄마들끼리 "저 애가 그렇다며? 아이고 문제다 문제." 어디선가 수군대는 소리가 들렸다. 실제로 반 친구 생일파티 때 아들만 빠진 걸 알고 절망에 빠지기도 했다. 어느 날은 늦게까지 집에 돌아오지 않아 아파트 단지를 찾던 중 놀이터 옆에서 누군가에게 얻어맞고 있는 걸 발견했다. 놀란 가슴을 안고 소리를 지르며 뛰어갔다. 때리고 있는 애를 밀치고 이게 무슨 짓이냐 화를 냈다. 그러자 작은아들이 자기한테 먼저 욕하며 공을 찼는데 얼굴에 맞아 싸움이 붙은 거라 했다. 쥬디는 슬펐다. 쥬디의 입에서는 언제부턴가 "하지 마.", "그만해.", "가만히 못 있어?", "이게 무슨 짓이야?" 등의 부정적인 말만 나왔다. 그럴수록 작은아들은 더 부정적인 짓만 골라 했다. 쥬디는 어느 날 작은아들한테만 잔소리하는 자신을 보게 되었다. 거울을 보니 미간에 주름이 잡혔다. 그리고 누군가에게 충격적인 말을 들었다. "큰 눈에 걱정과 수심이 가득해 보여요." 쥬디는 아이를 낳으면 책이나 영화에서처럼 "어머 우리 아들 사랑해. 우리 아들이 최고야." 하고 껴안고 뽀뽀하면, "네 저도 엄마 사랑해요. 엄마가 최고야."라고 말할 줄 알았다. 그런데 어쩌랴. 그건 어디까지나 연출이란 걸 작은아들을 통해 깨우쳤다.

그러던 어느 날 작은아들이 학교에 다녀오면 TV 앞에서 우유에 콘플레이크를 소복이 담아 먹으며 애니메이션을 보는 걸 발견했다. 디즈니 애니부터 지브리 애니, 투니버스에서 나오는 일본 애니 시리즈 등 골고루 보면서 빠져들었다. 그리고 저녁을 먹는 자리에서 쥬디에게 감상을 말하는 것이었다. 산만하고 정신을 쏙 빼놓는 애가 애니 이야기를 할 때는 재미와 감동으로 눈을 반짝거렸다. 그러고 보니 쥬디도 어릴 때 애니를 좋아했다. 많은 아이들이 좋아한다. 꿈과 환상을 꿈꾸며 상상의 나래를 편다. 그러다 어른이 되면 현실과 타협하면서 환상의 세계는 어느새 날아가 버리고 사회가 정해놓은 틀-익명의 권위-에 따르며 그저 바쁘게 살아가는 경우가 많다. 그리고 자녀를 건조한 시선과 세계에서 키운다. 쥬디는 자신도 그렇게 살고 있음을 인지했다. 쥬디는 아이가 변하길 바라며 매일 잔소리를 퍼부을 게 아니라 자신의 변화가 필요함을 깨달았다.

그날부터 쥬디는 아들의 마음에 다가가기 위해 함께 애니를 봤다. 미야자키 하야오의 〈토토로〉를 보면서 감동의 눈물을 흘렸고 〈하울의 움직이는 성〉을 보고는 소피의 사랑에 뭉클했다. 디즈니에서 만든 〈타잔〉에서는 타잔을 고릴라가 키우는데 자신은 사람이어서 털이 없는걸. '무털'이라고 말하는 장면에서 배꼽 잡는 아이를 따라 같이 웃었다. 모자는 애니 이야기를 주고받고 있었다. 함께 애니 코스프레 밴드공연도 가서 신나게 몸을 흔들며 목이 쉴 정도로 노래를 따라 부르기도 했다. 아들이 사춘기에 접어들어 안으로 움츠러들고 반항하며 사이가 나빠질 때도 사이사이 애니 이야기는 이어졌다.

아들이 먼저 본 애니를 쥬디에게 소개하거나 쥬디가 먼저 본 걸 소개하기도 했다. 어느새 쥬디는 애니 덕후가 돼 있었다. 아이는 자연스레 애니 음악의 매력에 빠져 매일 피아노를 치고 있었다. 꿈을 애니메이션 음악감독으로 정했다. 감동적인 장면에서 극대화되어 나오는 애니 음악이 환상이라고 했다. 50화 이상의 애니 시리즈 〈나루토〉를 온몸이 뒤틀리는 걸 참으며 보고-좋아서 보는데 체력이 가끔 안 따라줌-아이가 학교에서 돌아오면 한참 이야기를 주고받았다. 애니는 모든 게 가능했다. 공중을 날 수도 있고 수법을 익혀 배우면 마법도 부릴 수 있고, 죽었다 다시 살아나기도 하고, 초능력자로 태어나기도 한다. 아이는 현실의 갑갑하고 한정된 세계 너머의 자유로운 공간을 꿈꾸고 있었다. 애니를 보며 아이는 미래를 꿈꾸고 쥬디는 어린 시절 꿈꾸던 세계를 만났다. 애니 속에서 쥬디는 언제나 십 대 소녀였다. 쥬디는 애니를 보면서 아이와 마음을 깊이 공유했다. 그리고 깨달았다. 아이들이 커가고 사춘기가 되면서 대화가 안 된다, 성인이 되면 거의 기본적인 말만 하고 특별한 대화거리가 없다고 말하는 건 그만큼 자녀의 눈높이에 부모가 맞추지 않아서 그런 거라고.

애니를 보면서 꿈을 찾은 아들은 이제 20살이다. 특이한 성격으로 여전히 친구는 거의 없다. 그러면 어떠한가! 그래도 자신의 꿈을 찾아 학교에 다니며 노래도 만들고 알바도 하고 세상과 조우하며 천천히 걸어가고 있다. 쥬디는 소통이 어려운 아들 덕분에 세계를 넓혀올 수 있었다. 정해진 틀에 맞춰 자녀를 키우는 게 아니라 어떠한 모습을 보이더라도 지켜보며 따듯한 빛을 보내는 태양과 같은 엄마로 살아가고 싶다.

문현주(쥬디) 작가

박지원을 만나다
- 고전의 지혜

쥬디는 일을 마치고 오후 5시쯤 귀가하면 잠깐이라도 누워 쉬는 버릇이 있었다. 체력이 달려서 조금 쉬다가 저녁 준비를 한다. 잠깐 눈 붙이고 일어날 때가 많았지만 어떤 경우에는 밤 8시가 넘을 때까지 자다 깨면 문득 저녁인가 새벽인가 헷갈릴 때도 있었다. 그날도 쥬디는 저녁 5시에 잠들었다가 깨니 깜깜한 밤이었다. 배고파 비몽사몽 주방으로 가는데, 거실에 TV가 켜져 있었다. 잠들기 전 틀어놨던 모양이다. 리모컨으로 끄려는데 갑자기 화면이 '찌이익' 하면서 묘하게 생긴 남자가 나왔다.

"이 프로그램에 오신 여러분을 환영합니다. 이 프로는 천년에 한 번 만날까 말까 한 〈믿거나 말거나〉입니다. 당신이 과거 역사 인물 중 꼭 만나고 싶은 사람을 지금 말하십시오. 그러면 그 사람이 당신 앞에 잠깐 나타날 겁니다. 그럼 궁금했던 거나 이야기하고 싶은 걸 물어보시면 됩니다. 아시겠죠?"

남자는 쥬디를 뚫어지게 쳐다보며 진지하게 말했다. 뭐야 이건! 장난하나? 쥬디는 리모컨으로 TV를 끄는 동시에 말했다.

"난 연암 박지원 선생을 만나고 싶지. 최근에 읽은 책 중에 《열하일기》만큼 재미난 건 없었으니까."

쥬디는 지난해 《열하일기》와 연암 선생의 매력에서 헤어 나오지 못하고 있었다. 우리나라에 이 정도로 지식과 지혜가 뛰어나고 유머가 장착돼 있는 선비가 있는 줄 몰랐다. 자유분방한 사상과 해학과 풍자를 이용한 깊이 있는 글들이 어찌나 재밌고 감동적이었는지. 리모컨을 제자리에 놓고 뒤돌아서는데 순간 깜짝 놀랐다.

"어머머 누, 누구세요?"

소파에 떡하니 책에서 본 적 있는 연암 박지원과 똑같은 모습의 사람이 앉아 있었다.

"어험, 여, 여기가 어딘고?"

그 사람은 위로 치켜 올라간 눈으로 주변을 두리번거렸다. 아무리 봐도 책에서 보았던 연암 선생이었다. 쥬디는 소름이 돋았다. 조금 전 보았던 이상한 TV 프로 남자가 말한 대로 내가 만나고 싶은 역사 속 인물을 말만 하면 만나게 된다는 걸 떠올렸다.

"뭐야 진짜, 이런 일이 가능한 거야?"
"어험. 댁은 뉘신가?"
"저, 저요? 저는 쥬디라고 하는데요."
"여기는 어디고 몇 년도인가?"
"여기는 우리 집이고 21세기예요."
"내가 저승에 있는 동안 벌써 3세기가 지나가고 있단 말인가. 어허 저승에서 나를 21세기로 보낸 거구먼. 그래 자네가 궁금한 게 있다지?"

쥬디는 하루에도 눈이 어질어질할 정도로 변하는 세상에

서 이제는 과거의 인물을 현재로 부르는 시스템도 가능해졌다는 게 너무 놀라웠다. 영화에서나 가능한 줄 알았는데. 하긴 늘 영화에서 먼저 나오고 현실에서 이루어져 왔으니깐. 이왕 이렇게 만나게 되었으니 쥬디는 할 말이 많았다.

"연암 선생님 이렇게 뵙게 되어 영광입니다. 많은 가르침을 주세요."

"어험 딱 30분이니 묻고 싶은 게 있으면 어서 해보게나."

"선생님의 한문 소설들도 풍자와 해학이 담겨 있어 재밌지만 저는 《열하일기》를 읽고 완전히 선생님 팬이 되었어요. 여행 다녀오시면서 어떻게 그런 방대한 글을 쓰셨어요? 정말 놀랍습니다."

"허허, 그런가? 청나라를 향해 가기 전부터 아주 철저히 준비했다네. 가는 동안도 눈을 크게 뜨고 사물과 사람을 관찰하고 많은 사람들을 만나 대화하면서 글 소재를 계속 만들었지. 청나라 사람들과 말이 안 통하니 글로 나누는 필담을 나누려 책도 엄청 읽으며 준비했다네."

"와, 그러셨군요. 그 방대한 글 중에서 후대에 가장 유명한 글로 회자되는 것이 '일야구도하기'입니다. 하룻밤에 강을 아홉 번 건너면서 생각하신 걸 통찰력 있게 풀어내신 글에 감탄하지 않는 사람들이 없답니다. 놀랍습니다."

"허허, 그랬나? 강을 건너면서 들리는 물소리가 늘 같지 않고 상황의 변화에 따라 다르다는 걸 경험으로 인지했다네. 인식의 허와 실이 있는 거지. 사물을 정확히 인식하려면 순수한 이성적 판단에 의해야 한다는 걸 말하고 싶었다네."

"아, 그렇죠? 제가 중년이 되면서 느끼는 게 이제까지 해오던 대로의 습관으로 자꾸 상황을 판단하려 해요. 쌓아온 경험에만 너무 의지하는 거죠."

"인생은 강을 건너는 것보다 더 험한 여로를 가는 거니 나이가 들어도 자신의 몸과 마음을 연마하며 지혜롭게 이성적으로 살아가는 게 중요하다고 보네."

"역시 선생님 말씀이 맞습니다. 그래서 제가 인문학을 좋아하고 있죠. 삶의 가치를 알게 해주니까요. 그나저나 선생님은 어쩜 그렇게 늘 유쾌하십니까? 청나라에 가셨을 때 어느 술집에 들어가 이민족을 보면서 겁먹었던 마음을 들키지 않으시려고 술을 대접으로 마신 에피소드 기억나시죠? 도서관에서 입 막고 웃느라 혼났습니다. 또 혼자 그림자 놀이하신 것도 어쩜 그리도 순진한 소년 같으세요? 하하."

"어허 너무 놀리지 마시게나. 나는 그저 여행을 즐기고 싶었을 뿐이라네. 가난하고 작은 조선 땅에 태어나 살다가 처음으로 가본 대국에 가서 자유롭게 지내보고 싶었다네. 이렇게 작은 나라에서 살아남으려면 필살기가 필요하지 않겠나.

난 유머라는 필살기를 글에 표현하고 싶었네. 그래야 조선 사람들이 고단한 현실을 웃어넘길 거 아닌가."

"아, 그러셨군요. 사실은 조선시대나 지금이나 사람들 마음이 팍팍한 건 똑같아요. 아니 지금이 경제는 훨씬 좋아졌지만 사람들 마음은 살벌한 경쟁으로 너무 힘이 너무 들어가 있거나 혹은 자포자기한 경우가 많아요."

"그런가. 내가 열하를 간 때가 40대 중반이었네. 좁은 땅덩어리에서 양반, 상민 나눠놓고 양반은 허세 부리기 바쁜 인간들이 많았지. 열하를 여행하는 동안 만난 청나라 사람들 대부분이 실리를 추구하며 살고 있는 모습에 내 많이 놀랐다네. 깨진 기와도 함부로 버리지 않고 똥거름도 아껴 사용하는 모습과 천지를 뒤흔드는 수레 소리가 사방에서 들리고 상공업이 벌써 많이 발달해 사람들 사는 게 조선이랑은 확연히 달라 마음이 타들어 가는 심정이었다네. 망한 명나라를 찾을 게 아니라 지금 눈앞에 있는 청나라에서 배울 게 얼마나 많은지. 그런데도 조선은 대의명분과 형식에만 얽매여 변화하려고 하지도 않았지."

연암 선생은 먼 곳을 응시하듯 말했다.

"그건 지금도 비슷해요. 돈과 관련된 일에는 사람들이 발

벗고 나서지만 마음을 바꾸는 일에는 별 관심이 없다니까요."

"나이 들어갈수록 마음이 더 팍팍한 건 지혜가 부족해서가 아닐까 하네. 해결할 방법을 찾기도 전에 푸념부터 하니."

"저도 그렇게 생각해요. 지식은 많은데 그걸 사용할 수 있는 지혜가 적으니 모두가 자기만 옳다고 주장하면서 가족끼리도 그렇고 사회에서는 계층을 나눠놓고 서로 상대를 탓하느라 바빠요."

"흠 그렇구먼. 내가 죽어보니 시간은 생각보다 빠르게 지나간다네. 중년도 화살처럼 지나 노년이 되겠지. 아옹다옹할 시간이 아깝다네. 나도 생전에 가장 후회되는 게 아내를 너무 고생시킨 걸세. 혼자되고 나서야 깨달으니 무슨 소용 있겠나. 시간을 소중히 하게나."

"네 선생님. 귀한 말씀 감사합니다."

쥬디가 머리 숙여 감사의 인사를 드리고 고개를 드니 연암 선생은 벌써 그 자리에 없었다. 시간이 다 되었다.

"아! 이게 꿈이냐 생시냐. 내가 연암 선생님을 만나 뵙다니. 아 여쭤보고 싶은 게 너무 많았는데. 아깝다. 그새 시간이 다 됐구나."

쥬디는 한동안 먹먹한 심정으로 앉아 있었다. 작년에 읽은 책 중 다섯 손가락을 꼽으라면 단연 연암 박지원의 《열하일기》가 들어간다. 늘 생각하다 보니 이렇게 시간의 틈으로 연암 선생을 끌어당겼나 보다.

'위대한 지혜를 배우는 좋은 시간이었어'

쥬디는 한결 가벼워진 마음으로 저녁 준비를 하러 일어났다. 하늘에는 휘영청 보름달이 떠 있었다. 마치 연암 선생의 호탕한 얼굴과 같은.

문현주(쥬디) 작가

꼰대 씨의 하루
— 내 사전에 변화란 없다

인간은 변하는 게 어려울까? 변하지 않는 게 어려울까? 인간은 생물학적으로 변할 수밖에 없는 존재다. 얼굴도 몸도 어제오늘 차이가 거의 없어 보이지만 분명히 변한다. 어제 없던 뾰루지가 난다거나 머리가 부스스해졌다거나 하는 등 미미하게 보이는 변화를 포함해서 확실히 변한다. 우주 만물 중 가만히 있는 건 아무것도 없다. 달도 차면 기울고 지구가 돌면서 태양의 위치를 변경시킨다. 세상은 더 빠르게 변한다. 자고 일어나면 새로운 제품이 개발되고 AI와 대화하고 도움을 받는 세상이다. 인간은 지식의 변화에는 조금 버거워하다가도 발 빠르게 대응하고 따라가려고 한다. 그런데 변화가 다소

느리고 더딘 분야가 있다. 물론 자극을 받거나 스스로 원하거나 자각해서 변화하기도 하지만 좀처럼 변화가 쉽지 않은 게 있다. 바로 인간의 습성이다. 주변의 영향을 받기도 하고 스스로 이제까지 해왔던 말과 생각과 행동이 굳어져 관성처럼 움직이고 있는 습성은 참으로 변하기 어려운 분야다. 의식을 조종하는 무의식의 층이 너무 단단해서이기도 하지만 그중 유난히 두텁고 꿈쩍도 안 하려는 인간이 간혹 있다.

바로 우리의 꼰대 씨가 그런 부류이다. 꼰대 씨는 변화를 싫어한다. 아니 정확히 말하면 변화를 두려워한다. 변화 앞에서 태연한 척해도 눈빛과 말투에서 확 드러난다. 말이 움츠러들거나 거꾸로 공격적인 말을 한다. 집에 물건이 제자리에 있어야 하는데 만약 그렇지 않으면 화부터 낸다. "아유, 가위 어딨어? 왜 제자리에 없어." '아유'는 꼰대 씨가 가장 많이 하는 말 중 하나다. 꼰대 씨는 남을 지적하는 걸 잘한다. 자기도 가끔 물건을 제자리에 두지 않으면서 가족들이 그러면 이때다 싶어 오만상을 찌푸리고 지적한다. 자신에게 관대하고 타인에게 엄격하다.

꼰대 씨가 요즘 부쩍 어깨가 아프다고 해 아내는 단가가 센 의료기기를 사 와 사용하기를 권한다. 꼰대 씨는 없던 물건이 새로 들어온 게 탐탁지 않다. 자기 몸이 건강해지길 바라는 아내의 마음 따위 생각하지 않고 불쑥 말한다.

"아유, 확인도 안 된 이런 걸 왜 사와?"

의심부터 한다. 꼰대 씨는 큰 병원과 의사 말만 신처럼 믿는다. 여행가는 돈은 아까워하지만 병원비와 보험료는 조금도 아까워하지 않는다. 물론 건강검진 해서 이상 소견이 나와도 생활 습관을 바꾸진 않는다. 아프면 약 먹고 주사 맞으면 되니까. 아내가 새로 사 온 의료기기를 몇 번이나 권해야 겨우 못 이기는 척 한 번 사용한다. 두 번 해도 된다 말하면 거절부터 한다. 꼰대 씨가 거절하는 이유는 2가지다. 첫째는 한 번 튕기는 게 습관이 돼 있다. 둘째는 무의식에서 변화를 받아들이고 싶지 않아서다.

옷 사러 가면 사 입고 들어오는 적이 거의 없다. 아내는 이것도 예쁘고 저것도 예쁘다며 권한다. 꼰대 씨는 온전히 거울에 비친 자신의 모습이 어울리는지 어떤지보다 마음 깊은 곳에서 새 옷에 대한 거부감을 느낀다. 결국 사지 않는다. 입을 옷이 마땅찮아 다음 주에 또 간다. 그때도 역시 못 산다. 아내는 이제 같이 가지 않는다. 사려고 가는 건지, 안 사려고 가는 건지 모르겠다며 포기한다. 결국 꼰대 씨는 오래된 옷만 입고 다닌다. 그리고 스스로 위안한다.

'그래 입던 게 최고지'

하루가 다르게 바뀌는 휴대폰 기능도 뭐가 뭔지 어렵다. 용량도 꽉 찼고 액정도 일부가 손상되어 바꿔야 한다. 꼰대 씨는 다 큰 아들에게 물어본다.

"아들, ○○ 시리즈랑 ○○이랑 뭐가 더 좋아?"

아들은 아주 친절하게 설명해 준다. 꼰대 씨는 이때 내용의 90%는 흘려듣는다. 아니, 흘려듣는 게 아니라 마음속에서 변화에 대한 거부가 올라와 못 들었다고 하는 게 맞다. 한 주가 지나간다. 낡은 휴대폰 그대로다. 꼰대 씨는 아들에게 다시 묻는다.

"아들, 이거랑 그거랑 확실히 이러저러한 차이 있는 거 맞지?"

아들은 지난번보다 덜 친절한 말투로 설명한다. 이번에도 꼰대 씨는 10%밖에 못 듣는다. 또 한 주가 지나간다. 그렇게 한 달이 넘도록 꼰대 씨는 휴대폰을 바꾸지 못하고 있다. 형식적으로 또 아들을 부른다. 이제 아들은 "아 몰라요." 하고 문 닫고 들어가 버린다. 꼰대 씨는 아들이 크더니 변했다고 투덜댄다.

    꼰대 씨는 출근하면 아내와 주로 오후에 통화한다. 뭔가 일이 있어 오전에 아내에게 전화가 오면 득달같이 전화를 받고 "무슨 일이야?" 하고 외친다. 아내가 더 놀란다. 늘 같은 시간에 하던 게 조금이라도 변하는 게 어색하다. 꼰대 씨는 노래방 가는 걸 싫어한다. 그래도 어쩔 수 없이 가게 되면 20대 때 불렀던 유일한 노래 '꿈의 대화'를 부른다. 아내는 꼰대 씨에게 이거 말고는 들어본 노래가 없다. 어깨를 추켜세우고 고개를 내밀고 똑같은 표정과 경직된 자세로 부른다. 꼰대 씨가 식탁 위에서 하는 말은 녹음기를 틀어도 될 정도다. "이건 뭐야.", "애는 언제 들어와.", "돈 아껴 써." 색다른 화제를 꺼내면 무관심한 표정이다. 그럴 때 꼰대 씨는 "난 이 세계를 유지하는 것만으로도 애쓰고 있어. 흩트려 놓지 마." 하고 경계하고 있다.

    꼰대 씨는 운동을 싫어하고 잠을 좋아한다. 자기가 싫어하면 아내도 같이 안 하길 바란다. 한번은 아내가 등산모임에 가입해 새벽 일찍 갔다가 밤늦게 오자 짜증을 낸다. 아내는 그럼 같이 가자 한다. 꼰대 씨는 단칼에 거절한다. 산에 가다니 그 힘든 일을 내가 왜! 아내는 할 수 없이 등산을 혼자 다녀오고 사람들과 막걸리 한잔하면서 저녁 먹는 자리에 꼰대 씨를 부른다. 여기까지 안 가면 이상하다고 생각할까 봐 나간다. 갑자기 단단하게 변화를 거부하던 무의식이 삐걱거린다. 쿨한 척 보이려고 못 먹는 술을 벌컥벌컥 마신다. 처음 본 사람들 앞에서 완전히 망가진다. 온갖 추태를 보이다가 견디다 못한 아내가 잡아끌고 집으로 온다. 그렇다. 사실 꼰대 씨도 다른 사람만큼 유들유들하게 변하길 원한다. 변하고 싶다. 그런데 어떻게 변해야 하는지 모른다. 서툴러서 망가지고 만다. 마음 깊은 곳에서 변하고 싶은 마음과 그렇고 싶지 않은 마음이 싸우고 있다.

처음 가는 식당은 의심의 눈초리를 하며 들어간다. 만약 그 식당의 음식이 맛있으면 "아유, 웬일이냐. 이런 일도 있네."라고 떨떠름한 표정으로 말하고, 맛이 없으면 "내 그럴 줄 알았어. 역시 가던 데를 가는 게 맞아."라고 의기양양해하며 불변의 정당성을 외친다. 수년째 살고 있는 아파트에서 아내는 이사 가기를 바란다. 꼰대 씨는 들은 체도 안 하고 토씨 하나 바꾸지 않고 말한다.

"와 경치 좋다. 산도 보이고 역시 이 집이 최고야."

누가 들으면 굉장히 긍정적인 말인 거 같지만 사실 이 말은 "나는 변화가 싫어. 여기서 꼼짝도 안 할 거야."라고 하는 거다. 아내와 무인카페를 간다. 자동 시스템으로 계산도 컵도 음료도 자동으로 안내 음성에 따라 하는 거에 꼰대 씨는 갑자기 신경질부터 난다.

"에잇 뭐라는 거야? 왜 빨리 음료가 안 나와? 당신이 빼 와."

우리의 꼰대 씨는 오늘도 변화하는 세상에서 멈칫하고 있다.

'세상 변하는 게 좀 빨라야 말이지'

꼰대 씨는 구한말 쇄국정책을 유지하려고 분투하는 흥선 대원군의 직속 후예인지도 모른다. 어쩌면 흥선 대원군이었을지도.

문현주(쥬디) 작가

이렇게 해주면 참 좋을 텐데?!
– 에픽테토스의 철학

에피는 오랜만에 친구 니우를 만났다.

"친구 오랜만이네. 이게 얼마만이야? 그동안 잘 지냈지?"

에피는 환하게 웃음 지으며 니우와 악수를 했다.

"글쎄. 그럭저럭 지냈지 뭐."

이렇게 말하는 니우의 얼굴이 그다지 밝지 않은 것을 에피는 눈치 챘다.

"커피부터 시킬까?"

에피가 말하자 니우는 대답한다.

"난 레몬차나 마시겠네. 요즘 커피를 마시면 심장이 두근두근하며 잠이 안 와서 말일세. 나 참 몸이 벌써 말을 안 듣네. 그 좋아하는 커피도 제대로 못 마시게 되다니. 허허."

니우는 혀를 끌끌 찬다. 에피는 얼굴이 어두워 보이는 친구가 걱정스럽다. 니우는 에피와 중학교 때 짝꿍이 되면서 친구로 지내왔다. 에피와 달리 니우는 소위 금수저 자녀였다. 아버지는 몇 개의 프랜차이즈 점포를 운영하는 사업가였고 집에서 학교가 가까운데도 아침마다 엄마는 고급 승용차로 니우를 태워다 주었다. 방학 때면 유럽이나 미국으로 20일씩 여행을 갔고 가방이나 옷은 늘 메이커 제품이었다. 대학교에 갔을 때 에피는 용돈을 스스로 벌 수밖에 없는 상황에 학업과 알바를 바쁘게 뛰어다니는데 니우는 느긋하게 학교 다니며 미팅이나 나갔다. 에피는 니우가 솔직히 부러웠다. 에피는 어린 시절부터 작가의 꿈을 꾸었지만 어려운 가정환경으로 돈을 벌기 위해 필사적으로 공부했다. 그러나 니우는 아버지 사업을 물려받으면 된다는 마음으로 놀기 바빴다. 졸업 후 두 사람은 각자의 길을 갔고 사는 환경이 달라지면서 점점 연락이 뜸해졌다. 그 후로 둘은 각자 바쁜 생활로 조금씩 멀어졌다가 중년이 되면서 가끔 니우가 휴대폰으로 잘 지내냐는 연락이 오기 시작해 서로 안부를 묻는 사이로 회복되었다. 에피는 늘 바쁘게 일하면서 아내와 함께 자녀를 키웠다. 정해진 월급으로 빠듯한 생활에 부모님이 물려줄 재산이 많았더라면 하는 생각이 든 적도 있지만 열심히 사는 속에 내 집 마련도 하고 가족들과 여행 다니며 추억을 만들며 살았다.

40대 후반이 되니 어린 시절 바라던 작가의 꿈을 다시 꾸기 시작했다. 바쁜 시간을 쪼개 책 읽고 글 쓰며 작가들과 글로 소통하기 시작했다. 좋은 커뮤니티에 들어가 글 벗들과 서로 격려하며 다양한 책을 접하며 자신의 세계가 넓혀지는 기쁨을 맛봤다. 그러면서 자신이 가진 세계가 얼마나 한정적이었는지, 학교와 교과서에서 배운 지식이 얼마나 단편적이며 얕은 것인지 알게 됐다. 그것만으로 언제 집채만 한 파도가 밀어닥칠지 모르는 인생에서 제대로 조종간을 잡기는 어려운 걸 알았다. 그리고 책에서 접한 지식과 지혜를 단순한 감동으로 끝나지 않고 생활의 지혜로 살려내야 책을 진짜 읽은 거라고 알게 됐다. 그중 최근에 읽은 책은 에픽테토스의 《인생수업》이었다. 고대철학자 하면 소크라테스, 플라톤, 아리스토텔레스만 알고 에픽테토스는 들어본 적 없는 철학자였다. 글벗이 추천한 책으로 읽기 시작했는데 과연 무릎을 '탁' 치는 내용들에 눈이 번쩍 뜨이는 심정이었다.

태어난 시기가 분명치 않지만 기원후 50~60년경 소아시아 프리기아에서 노예의 아들로 태어났다고 한다. 노예였지만 스토아 철학자였던 루푸스에게 강연을 듣게 되었고 그에게 철학을 배우게 됐다. 노예에서 풀려난 이후 니코폴리스에서 학교를 세우고 제자들에게 철학을 가르쳤다. 류머티즘으로 다리를 절었다. 신분적 제약, 신체 부자유, 국외 추방의 시련, 사립학교 운영자로서 불안정한 경제 여건 이런 가혹한 환경에서 무력한 서민이 어떻게 하면 지위나 권력, 물질 등에 의존하지 않고 참된 자유를 얻을 수 있고, 진정으로 행복한 삶을 누리기 위해 어떤 지혜가 필요한가에 대해 고찰했으며 바탕에는 스토아철학이 있었다. 그의 철학은 학설이나 이론보다도 삶의 방식으로 집약된다. 그는 유연한 인물로 비유나 훈계에도 능통하고 중용을 지키며 인간미 넘치는 실천적인 교육자였다. 그의 가르침을 아리아노스 제자가 '엥케이리디온'이라는 담화록으로 정리해 놓았는데 19장에 이런 말이 나온다.

심상에 마음을 사로잡히지 않도록 주의하라. 왜냐하면 그 좋음의 실체가 '우리에게 달려 있는 것'에 속한다면 선망이나 질투가 생겨날 여지가 없기 때문이다. 그대는 장군이나 의원, 총독이 되고 싶다고 바랄 것이 아니라 차라리 자유인이기를 바라야 한다. 그리고 자유에 이르는 유일한 길은 우리에게 달려 있지 않은 것에 신경을 쓰지 않는 것이다.

에피는 이 말의 무게를 실감했다. 살아가면서 막연하게 어떤 상황이나 타인에게 우리는 얼마나 많은 기대를 하고 살고 있는 걸까. 기대처럼 되지 않는다고 불평하고 실망한다. 그러면서 다시 망각하고 똑같은 상황을 되풀이한다. 에피는 고대철학자의 가르침을 우리가 실천한다면 불행해지지 않을 거라 생각했다. 가족이니까 이렇게 해주길 바라고, 노력했는데 일이 안 되면 남이나 환경을 탓한다. 인문학을 공부하니 에피는 작은 자아의 벽을 허물고 있는 자신을 발견했다. 그래서 에피는 요즘 얼굴이 밝아졌다. 니우는 에피의 밝은 얼굴을 부럽다는 듯이 쳐다보다 입을 열었다.

"얼굴이 어쩜 그렇게 환하냐. 난 요즘 되는 일이 하나 없어 죽을 지경인데, 넌 아주 신난 표정이다."
"아, 그래 보여? 하하. 난 즐겁게 지내고 있다네. 나이 들면서 책과 인생에서 배운 지혜가 늘고 있으니 말이야. 자네는 무슨 어려운 일이 있는 건가?"

"책 읽을 시간도 있어 좋겠다. 난 다섯 점포의 프랜차이즈를 운영하다 2개가 힘들어져 부모님에게 좀 도와달라 부탁했는데 아주 완고하게 거절하시는 거야. 거기다가 아들까지 대학에 떨어지고. 아휴 내 맘대로 되는 게 없어, 너무 힘들다."

친구가 현재의 상황에 얽매여 있는 게 보였다. 에픽테토스의 말처럼 "우리에게 달려 있지 않은 일"에 마음을 두지 않아야 하는데 마음을 두고 있기 때문이다. 아무리 부모라도 내가 원하는 대로 되지 않을 수 있다. 자녀도 마찬가지다. 아무리 공부를 열심히 했어도 대학에 떨어질 수 있다. 2가지 모두 "우리에게 달려 있지 않은 일"이다. 그러나 우리는 연연하지 않을 수 없고 늘 연연하며 살아간다. 에피는 친구와 몇 잔의 술을 더 기울이고 발길을 돌렸다. 친구의 어두운 얼굴이 집에 오는 동안 내내 마음에 걸린다. 친구가 타인의 생각이나 말에 시선을 거두고 자신이 할 수 있는 일에 몰두하기를 바랐다. 다음에 만날 때는 꼭 말해주고 싶다. 에피는 인문학에서 배운 지혜를 삶에 적용해 봤기에 자신 있게 권할 수 있다.

문현주(쥬디) 작가

애니메이션 〈소울(Soul)〉을 감상하고

– 인생은 재즈처럼

애니메이션 〈소울〉*을 봤다.

그레이트 비욘드(태어나기 전 세계-인생연구회)는 아직 태어나지 않은 영혼들이 지구에서 삶을 살 수 있도록 도와주는 곳이다. 여러 조건 중 마지막으로 채우는 게 있는데 바로 동기부여(불꽃)이다. 위대한 위인들의 영혼과 매치가 되어 동기부여를 받는다. 뉴욕에서 음악 선생으로 일하던 '조'는 우연한 사고로 그레이트 비욘드로 오게 되고 지구에 태어나고 싶지 않

---

* Soul. 2021년. 픽사.

은 '22'의 멘토가 되며 벌어지는 이야기다. 조의 인생 목적은 최고의 재즈피아니스트이다. 최고의 팀에서 연주하는 게 꿈이다. 22는 멘토교육을 통해 인생을 살려면 강력한 동기부여-스파크-가 있어야 하고 그러지 못하면 실패하는 것이라고 인식하게 되어 스파크가 없는 자신은 태어날 자격이 없다며 피해 다닌다. 그러다 우연히 조의 몸에 들어가면서 그 동기부여가 꼭 무언가를 엄청나게 성취해야 하고, 경쟁에서 이겨 사회에서 성공해야만 하는 것이 아닌, 그저 일상에서 사람들과 정을 나누며 행복을 느끼고, 걸으면서 경쾌함을 느끼고, 하늘을 바라보며 웃음 짓고, 바람에 떨어지는 단풍나무 씨앗을 손에 쥐어보는 것에도 스파크는 존재한다고 깨닫는다. 그저 살아 있음의 아름다움이 스파크라고 믿게 된다. 한편 자신의 고양이 몸에 들어가 22와 함께 다닌 조는 22가 그렇게 느낀 건 재즈 피아노를 좋아하고 성취하려는 자신의 몸을 체험해서라고 주장한다. 조는 다시 자신의 몸을 찾게 되고 꿈에 그리던 재즈공연을 하면 너무나 행복할 거라고 생각한 것과 조금 다른 걸 느끼며 그제야 22가 깨달았던 게 맞았구나 하고 뒤늦게 생각한다. 즉 영혼의 스파크는 어쩌면 무언가를 이루어야만 하는 동기부여가 아니라 소소한 일상에서 느끼고 쌓여가는 시간과 일상이라고 말이다.

"우리는 아직 22의 삶의 목표를 전혀 알아내지 못했잖아요. 그녀의 스파크 즉 목적 말이에요."
"우리는 목적을 부여하지 않아요. 왜 그런 생각이 들었죠?"
"저는 피아노를 치려고 태어난 거죠. 그게 바로 스파크예요."
"스파크는 영혼의 목적이 아니에요. 당신들의 삶의 목적, 삶의 의미, 너무 1차원적인 생각이에요."

조와 영혼을 관장하는 존재와의 대화다. 즉 삶의 목적만이 스파크(삶의 동기부여)가 아니라는 뜻이다.

영화는 우리는 목적이 있기에 태어난 게 아니라 준비가 되어서 태어났고, 삶을 살아가는 자체만으로도 모두가 가치 있는 사람들이라는 메시지를 주고 있다.

우리는 어릴 때부터 공부를 잘해야, 운동을 잘해야, 무언가를 잘해야 성공하고 돈도 많이 벌고 명예도 얻는다고 배우고, 들어왔고, 인식해 왔다. 그래서 자칫 공부를 못하면 못난 사람이라고 평가받고 스스로 자신을 평가절하 하기도 한다. 좋은 회사에 못 들어가면 그저 그런 사람이라고 평가받고 결혼해서 자녀를 잘 키우지 못하거나 살림에 서툴면 못난 사람이라 평가하기도 한다. 이제는 자녀가 공부를 잘 못하면 자녀 교육도 똑바로 못 시키는 사람이라는 억울한 평가를 받는다. 왜 그렇게 우리는 무엇을 잘해야만 하고 잘하는 걸 선호하고 좋아하게 되었을까. 무언가 잘하지 못하거나 성취하지 못하면 열등한 사람이라는 인식을 하면서 끊임없이 자신을 채찍질하고 타인에게 잔소리하다가 아까운 인생은 눈 깜짝할 사이 흘러가 버린다. 물론 그런 동기부여가 있었기에 인류는 엄청난 위업들을 달성해 왔다. 동기부여는 필요하다.

여기에서도 동기부여와 목적과 의미는 필요하지 않고 "오직 영혼의 기쁨, 자유, 있는 그대로의 일상에서 느껴지는 행복감 등만이 소중해."라고 말하는 건 아니다. 너무 목적, 목적만을 부르짖으며 쉴 새 없이 자신과 타인과 사회를 몰아가지만 말고 자칫하면 일상에서 지나쳐 가는 소소한 영혼의 기쁨을 주의 깊게 들여다보라는 메시지를 전하고 있다.

주인공의 직업인 재즈피아니스트에는 여러 가지 의미가 있다.

> 아프리카계 흑인 음악인 재즈는 '대화'를 기본으로 하는 음악이다. 연주 중 즉흥적으로 우러나오는 대화는 즉흥적인 재치가 아니라 삶의 기쁨을 찬탄하는 진솔한 표현법이라고 한

다. 인간의 감정 깊은 곳에서 나오는 외침이 재즈이다.

— 재즈피아니스트 허비 행콕

처음에 조는 단순히 음악으로서의 재즈를 생각하고 음악적 성공만을 좇는 사람이었다면 22와의 교류를 통해 재즈는 인간이 진정으로 나누는 대화고 삶의 기쁨을 표현하는 거라고 알게 되었다. 학교에서 학위를 따야 하는 박사가 아니라도 우리는 일상을 살아가면서 경험하는 어느 분야에서 모두 박사 자격이 있다.

"당신은 어느 분야의 박사입니까?"
"칭찬박사입니다. 난 우리 가족이나 주변 사람들의 장점을 찾아내 칭찬하는 걸 잘하거든요."
"저는 감탄박사입니다. 바람에 흔들리는 여린 꽃잎에도, 주황빛으로 하늘을 활활 불태우며 아름답게 마무리하는 저녁노을에도 늘 감탄한답니다."
"저는 웃음박사입니다. 작고 사소한 일에도 늘 미소와 웃음을 달고 살죠."
"저는 걷기 박사입니다. 아침마다 앞산을 걸으며 나무와 대화도 하죠."
"저는 하늘 바라보기 박사입니다. 해가 쨍쨍한 날도 별이 반짝이는 밤에도 하늘을 자주 올려다보며 행복을 느끼죠."

당신도 분명 무언가의 박사다.

50대로 살아가는 지금 작든 크든 매일 자신을 위해 가족과 타인을 위해 우리는 존재와 목적을 아우르며 살아왔고 살아가야 한다. 2가지를 조율하면서 자유를 구가하는 음악 재즈처럼 삶의 기쁨을 느끼고 표현하며 살아가고 싶다.

중년에 자신의 꿈을 이룬 작가,
언제나 성장하는 작가,
꿈과 희망을 주는 작가,
인생의 길잡이가 되는 등대 같은 작가,
일곱 빛깔 무지개 같은 감동을 주는 작가,
오월의 여왕 메이퀸 작가입니다.

이력
책과강연 백일백장 완주
비즈 인큐 스펙 강연 다수 참여
인문학향기 자기계발카페 독서 모임 강연 다수

SNS
https://mblog.naver.com/sgi0418/223450929623

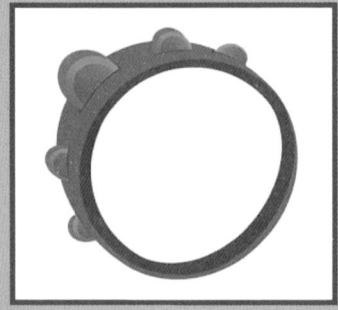

중년의 등대

문영옥(메이퀸) 작가

차례

중년의 르네상스
새벽 기상
같은 말이라도 좋게~~~!!!
자기계발
긍정의 힘
지금 이 순간을 소중히

문영옥(메이퀸) 작가

중년의 르네상스

중년의 르네상스는 중년기에 접어든 시기에 새로운 관심사나 목표를 발견하고, 삶의 질을 향상시키기 위해 노력하는 과정을 의미합니다. 이 시기는 개인의 성장, 자기 발견, 새로운 도전 등을 통해 활력을 찾는 중요한 시기입니다.

하루하루 희망을 품고 살아가는 우리는 매일 다시 태어나는 생일입니다. 모든 것은 새롭고 신기한 기적으로 가득하게 됩니다.

그리고 희망의 다른 이름은 '내일'입니다.

불세출의 첼로 연주가이자 평화주의자인 파블로 카살스는 96세에 세상을 떠나기까지 경이로울 정도의 젊음으로 예술과 평화에 공헌했습니다.

그런 그의 신념은 "매일 나는 다시 태어난다."였습니다. 그는 또 이렇게 말했습니다. "훌륭하게 보이는 것만이 인생의 대사는 아니다. 일상의 대수롭지 않은 작은 일이라도 온 힘을 다하면, 그곳에서는 날마다 기적이 일어난다."

우리는 매일 똑같은 하루 24시간을 살아가고 있습니다. 그러나 새로운 도전과 발견 없는 시간의 연속이라면 생활을 가벼이 여기는 것입니다. 그러면 인생 자체를 소홀히 하는 것으로 됩니다.

특히 중년을 맞이하는 시기는 더욱 특별합니다. 지금까지의 자신의 경험을 살리면서도 날마다 새롭게 성장하는 사람이야말로 인생의 달인입니다. 중년이란, 그러한 '인생의 프로'를 목표로 하여 출발하는 시기가 아닐까요?

우리는 발견과 놀라움으로 가득 찬 '설레는 나날'을 계속 보내고 싶어 합니다.

르네상스, 그것은 사람들의 '놀라움'이 만들어 냈습니다. '과거의 선입견'이라는 필터를 벗긴 순간, 인생은 완전히 새로운 모습으로 눈에 들어왔습니다.

사람들은, 얽매이지 않은 자신의 눈으로 점차 새로운 아름다움과 진리를 발견했습니다.

말하자면, 기나긴 중세 동안에 '중년'이 되어버린 '경직화된 유럽'에 '순박한 그리스, 로마'라는 청춘의 숨결이 부활했습니다. 사회는 다시 젊어졌습니다. 르네상스를 '재생'이라고 말하는 이유가 바로 여기에 있습니다.

저의 중년의 르네상스는 다양한 도전으로 시작되었습니다.

문영옥(메이퀸) 작가

새벽 기상

제가 가장 먼저 실천한 것은 새벽 기상이었습니다.

내 삶을 바꿀 수 있는 것은 오직 나 자신뿐이기 때문이었습니다. 건강을 위해서 규칙적인 취침 시간을 정하고, 새벽 기상을 4시 반으로 정했습니다. 하나의 습관이 자리 잡는 데 걸리는 시간은 사람마다 다르지만, 일반적으로 21일에서 66일 정도 걸린다고 합니다. 처음 시작할 때는 힘들었습니다.

그러나 김유진 변호사의 《나의 하루는 4시 30분에 시작된다》라는 책을 읽고 실천하기로 정했습니다. 제가 새벽 기상을 실천하는 이유는 여러 가지 의미가 있습니다.

우선 자신의 삶을 새롭게 바꿔보고 싶었습니다.

제 인생의 주체자가 되고 싶었던 것이지요.

매일 새로운 생을 받은 감사함으로 하루를 시작했습니다.

몸과 마음을 정갈하게 하고 명상을 시작합니다.

조각 지어 흩어져 나오는 수많은 생각들을 그대로 노트에 적었습니다.

그리고 자신에게 질문하며 답을 찾는 지혜의 숲으로 들어갔습니다.

그리고 이어서 좋아하는 책을 읽으며 글쓰기를 합니다. 어느새 해가 뜨기 시작할 즈음이면 옷을 챙겨 입고 새벽의 까만 어둠을 뚫고 뒷동산으로 발걸음을 옮깁니다. 자연의 아름다움과 생명의 소중함을 느끼면서 가볍게 홀가분하게 산책을 즐깁니다. 눈과 귀를 활짝 열고 자연을 탐색합니다. 맑은 새소리가 마음을 정화시켜 줍니다. 시시각각 변화하는 자연의 생명체들은 변화무쌍합니다. 매일 성장하고, 매일 변화하고 매일 새로운 도전을 계속합니다. 숲은 1분 1초도 멈추지 않고 도태되지 않고 게으름을 피우지 않습니다. 도도한 강물처럼 낮에도 밤에도, 한순간도 전진을 멈추지 않습니다.

숲은 저에게 많은 깨우침과 영감을 줍니다. 참으로 고마운 존재입니다. 그래서 저는 매일 한결같이 아침 등산을 즐깁니다.

자연과의 대화를 마치고 나면 저는 아름다운 음악에 귀 기울입니다. 쇼팽, 모차르트, 베토벤의 깊이 있고 아름다운 피아노 선율에 눈물이 날 정도로 감동이 밀려옵니다(즉흥 환상곡, 녹턴, 월광 소나타, 작은 별 변주곡 등). 음악을 들으면서 산책하면 자연스럽게 생명 오저에서 깊은 감사함이 솟구쳐 올라옵니다.

이어 수많은 혜택을 받고 사는 자신에게 무한 감사와 칭찬이 물밀듯이 밀려옵니다. 칭찬은 특히 셀프 칭찬이 최고입니다. 셀프 칭찬에는 기준도 없고, 비교도 없고, 평가도 없습니다. 존재 자체의 자신을 무한 사랑하며, 무한칭찬하면 됩니다.

아름다운 선율과 아름다운 자연을 친구 삼아 몸과 마음의 생명의 에너지를 듬뿍 받고 "오늘이 내 생애 최고로 날~~~!!!"이라고 외치고 하산합니다.

이러한 수년간의 저의 새벽 기상의 습관은 저의 인생을 완전히 바꿔놓았습니다. 열린 사고와 긍정적인 마인드를 갖게 되었으며 마음의 풍요로움과 진정한 삶의 기쁨을 느끼게 되었습니다. 제 삶의 엄청난 변화입니다. 그리고 감사를 실천하며 무엇이든 도전하게 되었습니다.

이렇듯 새벽 기상의 효과는 굉장합니다.

미즈노 남보쿠의 저서 《절제의 성공학》에 이런 내용이 있습니다.

〈일찍 일어나야 성공 운명이 된다〉

운이라는 것은 기에 따라 움직입니다. 그래서 운명을 운기라고 부르기도 합니다. 세상천지의 기 흐름이 좋으면 세상이 건전해지는 것이고, 내 몸의 기 흐름이 좋으면 운명이 반듯해집니다.

해가 뜬 이후에 일어나는 사람은 아무리 관상이 좋아도 운명이 온전하게 돌아가지 못합니다. 해가 솟아오를 때의 기운은 성공의 기운이며, 그 기운을 받지 못하면 온몸의 기가 제대로 돌지 못합니다. 그래서 아침에 늦게 일어나는 사람들은 건강이 좋지 못한 것입니다. 아침에 태양의 기운을 받지 못하면 하늘로부터 받고 태어난 원기가 약해지고, 마음도 옳지 못한 곳에 머물게 됩니다. 아침에 일찍 일어나는 사람과 늦게 일어나는 사람의 정신 상태 또한 같을 수 없습니다. 몸과 마음이 다 온전치 못하니 성공의 근처도 갈 수 없습니다.

늦잠을 즐기면 평생의 반은 누워서 보내고, 나머지 반은 이것저것 먹는 것을 찾아다니느라 소비하는 것과 다름없습니다. 그런 일에 시간을 다 보내고 얼마 남지 않은 시간 동안 죽자 살자 일해 봤자 무엇을 이뤄낼 수 있겠습니까?

자연의 이치에 어긋나는 생활을 하면 자연은 응당한 대가를 돌려주는 법입니다. 아침에 일어나서 태양의 기운을 받고 열심히 일하는 것이 운명을 개척하는 길입니다. 성공할 운명을 갖고 태어났더라도 아침에 일찍 일어나야 합니다. 이것은 귀천을 막론하고 실행해야 합니다. 늦잠을 삼가고 일찍 일어나 직업에 전념하는 것이 곧 성공의 길입니다.

성공할 수밖에 없는 운명을 개척하는 비법이 고스란히 담겨 있는 내용입니다.

문영옥(메이퀸) 작가

같은 말이라도 좋게~~~!!!

나의 인생을 변화시키는 시간은 하루 1분이면 충분합니다. 정말 이렇게 간단한 일이 있을까요? 바로 말버릇을 바꾸는 일입니다. 즉 같은 말이라도 좋게 사용하면 됩니다.

우리는 의식하지 못한 채 모국어를 물려받아 사용하고 있습니다. 말은 생각나는 대로 내뱉는 것이 아니라 도자기를 빚어낸다는 마음으로 정성껏 만들어 내야 합니다. 말버릇은 인생의 행. 불행을 결정하며 미래를 개척하는 꽹장한 힘이 있습니다.

서양 속담에 "마음에서 나오는 말은 마음으로 들어간다."

라는 말이 있습니다. 진정한 감정이나 진심 어린 표현은 상대방의 마음에 깊이 전달된다는 의미입니다. 즉 진정한 마음에서 우러나온 말은 상대방에게 감동을 주고, 그들의 마음을 움직일 수 있다는 것을 강조합니다. 진솔한 대화와 진정성이 중요한 것임을 나타내는 속담입니다. 결국 진정한 마음에서 나오는 말은 사람들 사이의 깊은 이해와 연결을 이끌어 내 더욱 감동적으로 느껴지게 됩니다.

김윤나 님의 저서 《말 그릇》에 이런 내용이 있습니다.

> '말'이란 것은 기술이 아니라 매일매일 쌓아 올려진 습관에 가까운 것이다. 살면서 보고, 듣고, 느낀 모든 것들이 뒤섞이고 숙성돼서 그 사람만의 독특하고 일관된 방식으로 나오는 게 바로 말이다. 그렇게 만들어진 언어는 그 사람의 내면과 닮아있다. 그렇기 때문에 무작정 말 잘하는 '기술'만 익혀서는 자신만의 새로운 말 습관을 기를 수 없다.
> 지금까지와는 다른 말 습관을 지니고 싶다면, 말 그 자체에만 집중할 게 아니라 그 이면에 있는 나를 함께 들여다봐야 한다. 그럴듯하게 말하려고 노력하는 대신 말을 만들어 내는 저 깊은 곳, 말의 근원지인 자신의 내면을 알기 위한 노력이 필요하다.

혹시 유독 참지 못하는 말투가 있는가. 유독 가슴 아프게 다가오는 말이 있는가. 언어와 말투에 영향을 끼치는 심리적인 구조를 알고 나면 내가 왜 그런 말투를 사용하게 됐는지, 왜 특정한 말에 대해 예민하게 받아들이는지 알 수 있게 되고 비로소 자신의 말을 제대로 다룰 수 있게 된다.

중년에 접어들어서 '꼰대'라고 불리는 사람들을 봅니다. '꼰대'라는 표현은 나이가 많거나 경험이 많은 사람들이 자신의 의견이나 가치관을 강요하거나, 젊은 세대에 대해 비판적이고 권위적인 태도를 보일 때 사용되는 용어입니다. 그러나 저는 이 또한 말버릇과 말투에서 '꼰대'가 느껴집니다. 상대를 배려하지 않고 불쑥 튀어나오는 말 습관으로 젊은 세대들은 그들을 '꼰대'라고 부릅니다.

저는 젊은 세대에게 '꼰대'로 보이지 않게 노력합니다. 나이가 적다고 반말을 하지 않습니다.

그리고 가까운 사이라도 결혼, 직장, 출산 등에 관해서 질문하지 않습니다.

그리고 나의 생각과 살아온 인생을 말하며 훈계하지 않습니다.

그리고 나의 삶의 방식을 절대 강요하지 않습니다.

그리고 예절을 잘 지키려고 노력합니다.

이러한 생각들은 가정에서 젊은 세대의 자녀들과의 소통으로 배우고 느낀 덕분일 것입니다. 그래서 요즘 젊은 세대들의 마인드와 생활방식을 알기에 조금은 '꼰대' 소리를 듣지 않으려고 애쓰고 있습니다.

말의 습관은 부모의 말을 가장 많이 닮습니다. 그것이 모국어라는 표현을 씁니다. 태어나면서 듣고 자란 말투와 말버릇이 자신도 모르는 사이에 말 습관으로 굳어집니다. 어릴 때는 몰랐는데 어느 순간부터 엄마의 말투가 객관적으로 들리게 되었습니다. 엄마는 걱정과 불안이 많고 긍정적이기보다는 부정적 성향이 강했습니다. 부모님 중 저는 아버지 성격과 체형과 외모를 많이 닮았습니다. 심성이 곧고 착하신 엄마인데 부정적인 말투가 어느 순간부터 제 귀에 거슬리게 되었습니다.

그래서 《말 그릇》, 《내뱉고 후회하는 말버릇 바꾸기》, 《말투 하나 바꿨을 뿐인데》 등등의 책을 구입해서 읽게 되었습니다. 그러면서 말이라는 것은 마음과 감정과 밀접한 관계가 있음을 알게 되었습니다. 그리고 엄마를 인정하게 되었습니다. 그러나 인정은 하지만 그러한 말투를 자주 듣고 싶지는 않았습니다. 그리고 어느 순간 남편도 두 번의 사업 실패를 겪으면서 굉장히 부정적인 말투를 사용하고 있었습니다. 말이란 환경과 감정의 영향을 크게 받는다는 것을 알게 되었지요. 긍정적인 언어가 긍정적인 생각을, 부정적인 언어가 부정적인 생각을 불러오기 때문에 부정적인 언어 습관은 반드시 바꾸어야 한다고 생각했습니다.

가족의 말투를 좋게 바꿀 수 있는 사람은 저 자신임을 알게 되었습니다.
제가 독서를 통해서 깨우친 것은 가장 가까운 가족에게 "같은 말이라도 좋게~~!!!" 하자는 것이었습니다. 내가 바뀌면 상대도 바뀔 것이라고 확신하고 애정과 인내를 갖고 노력하였습니다. 상대가 귀에 거슬리는 말을 하더라도 그것에 분동하지 않고 "이럴 때는 이렇게 말하면 더 좋겠어요~~!! 같은 말이라도 좋게~~!!"라고 꼭 마무리에 표어처럼 사용했습니다. 그리고 좋은 표현으로 바꿔주었습니다. 지금은 엄마나 남편의 말버릇이 전혀 귀에 거슬리지 않습니다. 가끔 옛날 말버릇이 불쑥 튀어나오지만 인내하며 친절하게 표현법을 고쳐주며 끝에서는 "같은 말이라도 좋게~~!!"라고 말해줍니다. 그 말은 저의 다짐이기도 하고 상대에게 전하는 강한 호소문이기도 합니다.

문영옥(메이퀸) 작가

자기계발

　　오프라 윈프리는 미국의 유명한 방송인, 프로듀서, 배우, 자선가로, 전 세계적으로 영향력 있는 인물 중 한 사람입니다. 어려운 어린 시절을 보냈지만, 교육을 통해 자신의 꿈을 이루기 위해 노력했습니다.

　　1986년부터 2011년까지 방영된 〈오프라 윈프리 쇼〉는 그녀를 유명하게 만든 프로그램입니다. 이 쇼는 다양한 주제를 다루며, 사람들의 삶과 이야기를 나누는 포맷으로 많은 사랑을 받았습니다. 오프라는 미국에서 가장 영향력 있는 여성 중 한 명으로 평가받으며, 그녀의 의견은 대중에게 큰 영향을 미칩니다. 〈오프라의 북클럽〉은 많은 책의 판매에 큰 영향을 미쳐, 작가들에게도 많은 기회를 제공합니다. 오프라는 다양한 자선 활동에 참여하고 있으며, 오프라 윈프리 재단을 통해 교육, 여성의 권리, 아동 복지 등 여러 분야에 기여하고 있습니다. 오프라 윈프리는 자신의 경험을 바탕으로 사람들에게 영감을 주고, 긍정적인 변화를 이끌어 내는 데 기여하고 있습니다. 그녀의 삶의 이야기는 많은 사람들에게 영감을 줍니다. 그녀의 경험은 다른 이들에게 도전과 극복의 중요성을 일깨워 줍니다. 그리고 사람들에게 자기계발과 변화의 필요성을 강조합니다. 그리고 삶의 질을 높이는 방법을 제시합니다. 그녀는 자신의 성공을 사회에 환원하며, 다른 사람들이 따라 할 수 있는 좋은 본보기가 됩니다. 이처럼 오프라 윈프리는 자신의 경험과 가치를 바탕으로 중년층의 모범이 되며, 많은 사람들에게 긍정적인 영향을 미치고 있습니다.

일본의 어느 유명한 작가가 이렇게 말했습니다.

"꽃의 생명은 짧고 괴로운 일만 많다." 꽃은 일시에 확 피었다가 일시에 확 집니다. '괴로움만이 오래 남을 뿐'이라는 뜻입니다. 인생도 사실은 그럴지도 모릅니다.

어느 철학자는 "일생을 마칠 때에 결산해서 '즐거운 일이 더 많았는가, 아니면 괴로운 일이 더 많았는가' 그 결과에 따라 행·불행을 결정할 수밖에 없을지도 모른다."고 말했습니다. 결론적으로 말하면, 행복은 '자기 자신을 어떻게 확립하느냐'라는 문제입니다. 멋진 저택이나 명성 같은 외면적인 행복은 '상대적 행복'입니다. 흔들리지 않는 '절대적 행복'이 아닙니다. 아무리 행복해 보이는 환경이라도, 자신이 허무함을 느끼고 괴로움을 느끼면 불행합니다.

중년의 시기도 마음먹기에 따라 중년이 행복할 수도 있고, 불행할 수도 있습니다.

자녀의 양육에서 어느 정도 독립을 할 수 있는 시기로 이제 본격적인 자기계발의 기회입니다. 전업주부였던 저는 자녀의 독립으로 시간적, 물리적인 자유를 느끼고 있습니다. 지금까지의 경험과 노하우를 살려서 상담할 수도 있고, 마음껏 독서와 글쓰기를 할 수 있습니다. 행복은 '겉모습'에 있는 것이 아니기에 하루하루 생명의 충실감이 필요합니다.

목적관도 없이 그저 '아무 생각 없이' 살아가고, 먹고, 허무하게 죽는다면 차원이 낮은 동물적인 인생이 아닐까요? 자신을 위해 타인을 위해 무엇인가를 한다, 무엇인가를 창조한다, 무엇인가에 공헌한다, 그러기 위해 목숨이 있는 한, 생애 끝까지 도전해야 합니다. 그래야 비로소 '충실한 인생'이라고 말할 수 있지 않을까요?

인생은 순식간에 지나가고 맙니다. 눈 깜짝할 사이에 노인이 되고, 체력도 떨어집니다. 그리고 여기저기 고장도 납니다.

그때 외롭고 쓸쓸한 노인이 아닌, 가을의 황금빛 결실과 같은 풍요로운 자기 자신이 되기 위해 지금 도전해야 합니다. 커다란 저녁노을은 천지를 장엄하게 물들이고 빛납니다. 그 '노을빛의 광경'과 같은 노년을 후회 없이, 웃는 얼굴로 맞이하기 위한 중년입니다.

그리고 독서를 통해서 올바른 철학을 확립하며 인생을 꿋꿋하게 살아가려 합니다. 무엇보다 명랑하고 생기발랄하게 살아가는 일이 중요합니다. 언제나 불평불만을 일삼고 푸념을 반복하는 인생에는 항상 불행의 그림자가 드리울 것입니다. 언제나 긍정적으로, 발랄하게 살아야 합니다. 다른 사람에게도 "저 사람을 만나면 기운이 난다.", "마음이 밝아진다."고 들을 수 있는 명랑함이 있어야 합니다. 그런 사람은 행복합니다. 모두에게도 희망을 줍니다. 언제 만나도 따분하다는 듯한 얼굴을 하고, 기쁨도 감격도 없다면 그런 인생은 어둡습니다. 남편의 잔소리를 들어도 '무슨 노랫소리가 들리는구나…' 하고 생각합니다. 저는 모든 것을 좋은 방향으로, 좋은 방향으로 받아들입니다. 그 강함, 현명함, 밝음이 행복을 낳는다고 확신하기 때문입니다. 모든 것을 좋은 의미로 받아들인다고 해서 어리석고 마냥 착한 사람이 된다는 뜻이 아닙니다. 현실을 제대고 응시하면서 좋은 방향으로 받아들임으로써, 실제로 그 방향으로 이끌어 가는 '현명함'을 말합니다. 그런 인격을 쌓아 올리면 그 어떤 재산보다도 값진 인생의 보배가 됩니다.

문영옥(메이퀸) 작가

긍정의 힘

미우라 히로유키의 《플러스 사고》에 이런 문장이 있습니다.

문제를 바라보는 시각을 바꾸면, 해결책도 달라진다.

이 문장은 긍정적인 사고방식이 문제 해결에 얼마나 중요한지를 강조합니다. 문제를 부정적으로만 바라보지 않고, 긍정적인 시각에서 접근할 때 새로운 가능성과 해결책이 열린다는 메시지를 담고 있습니다.

그럼 대체 '플러스 사고'란 도대체 무엇을 말하는 것일까요? 플러스 사고는 긍정의 힘을 인식하고 긍정적 사고를 습관화하는 것입니다. 즉, 모든 것을 좋은 쪽으로, 플러스적으로 사고하는 것입니다. 이는 스스로가 운이 좋고 충분한 능력을 갖추고 있음을 확신하며 '할 수 있다', '하면 된다'고 생각하는 것입니다. '꿈은 이루어진다'고 믿는 것입니다.

때때로 주변을 보면 부정적인 사고방식을 갖고 있는 사람들이 의외로 많습니다. 특히 중년에 대한 생각들은 거의 부정적입니다.

"내가 이 나이에 무엇을 시작하겠나?"
"앞으로 아플 일만 남았다."
"꿈이 뭐가 있겠나? 건강만 하면 최고지."

100세 인생을 살면서도 나이를 말할 때는 굉장한 보수적인 생각을 하고 살고 있습니다.

자기암시가 마음에 영향을 미치고, 현실에서도 확연한 결과를 나타냅니다.

지금까지는 해야 할 일에 중점을 두었다면 이제는 자신의 꿈을 향해서 용기를 내야 할 때입니다. 결국 부정이든 긍정이든 지금의 현실은 지금까지의 내가 끌어들인 결과물이 아닐까요? 부정적인 마이너스 사고로 스스로의 잠재력을 제한

하고 도전조차도 하지 않는다면 얼마나 안타까운 일입니까?

고전역학에서 만유인력의 법칙은 질량을 가진 모든 물체에 서로 끌어당기는 힘이 작용한다는 것입니다. 사과와 같은 물체가 땅위로 떨어지는 것도, 지구가 태양 주위를 도는 것도 만유인력이 있기 때문입니다.

론다 번의 《시크릿》에서 소수의 지도자들만이 알고 있었다는 놀라운 비밀도 다름 아닌 '끌어당김의 법칙'입니다. 우리가 하는 생각에는 '끌어당기는 힘'과 '주파수'가 있으며, 어떤 것을 생각하면 그 생각이 우주로 전송되고, 이는 자석처럼 같은 주파수에 있는 것들을 끌어당긴다는 것입니다.

즉, '나는 할 수 있다'는 긍정적인 생각은 다시 낙관적인 마음가짐을 불러와서 '할 수 있다'는 내 생각이 달성되도록 돕습니다. 마찬가지로 '할 수 없다'는 부정적인 생각은 다시 비관적인 마음가짐을 불러와서 '할 수 없다'는 내 생각이 달성되도록 돕습니다.

우리 선조들의 격언 "말이 씨가 된다."나 영어속담 "하늘은 스스로 돕는 자를 돕는다."도 따지고 보면 끌어당김의 법칙과 같은 이야기를 하고 있습니다.

지금까지의 모든 현상은 당신이 끌어당긴 것이다. 당신의 마음과 생각이 지금을 끌어당겼다. 무엇을 느끼든 간에 그것은 당신의 미래를 결정한다. 당신이 믿든 믿지 않든 끌어당김의 법칙은 당신에게도 적용된다. 지금 이 순간에도.

- 《시크릿》, 론다번

보잘것없는 나도 우주의 일부분으로 우주의 법칙에 지배당합니다.
무엇을 끌어당길지는 전적으로 내가 선택하는 것입니다.
이왕이면 긍정적 생각을 끌어당기는 것이 가치적입니다.

할 수 있다고 생각하면 할 수 있고, 할 수 없다고 생각하면 할 수 없다.

- 자동차 왕 헨리 포드

"세 살 버릇 여든까지 간다."고, 어릴 때 길러진 습관이나 태도는 바꾸기 힘듭니다. 하지만 나이가 들어서 습관이나 태도를 바꾸는 것이 불가능한 것도 아닙니다. 다만 조금 더 노력이 들 뿐입니다.

문영옥(메이퀸) 작가

지금 이 순간을 소중히

고대 그리스의 철학자 헤라클레이토스의 말처럼 우리는 같은 강물에 두 번 발을 담글 수 없습니다. 흘러간 강물을 붙잡을 수 없듯이 지나간 세월은 되돌릴 수 없습니다. 하지만 미래의 당신은 마음먹기에 따라 얼마든지 바뀔 수 있습니다. 지금의 나는 과거의 내가 만든 것이지만 미래의 나는 지금의 내가 만드는 것입니다.

톨스토이의 단편 〈세 가지 질문〉에는 다음의 질문들이 나옵니다.

"이 세상에서 가장 중요한 때는 언제인가?"

"이 세상에서 가장 중요한 사람은 누구인가?"

"이 세상에서 가장 중요한 일은 무엇인가?"

당신은 위 질문에 무엇이라 답하겠습니까?

이스라엘의 현자, 랍비 힐렐은 "지금 하지 않으면 언제 한 날이 있겠는가?"라고 말했습니다. 변화란 다른 사람이나 다른 때를 기다려서 오는 것이 아닙니다. 우리가 기다리는 변화의 주인공은 바로 우리 자신입니다.

변화는 바로 '내가' 만들어 내는 것이고, 바로 '지금' 시작되어야 합니다.

노벨상을 꿈꾸고 열심히 공부하다 보면 하다못해 선생님이라도 될 수 있을 것입니다.

어린 시절부터 말뚝에 묶여 자란 아기 코끼리는 어른 코끼리가 되어 말뚝을 뽑아버릴 힘이 생겨도 도망갈 생각을 하지 못합니다. 많은 사람들이 대단한 잠재력을 가지고 태어나면서도 주위의 부정적인 마이너스 사고로 인해 아기 코끼리와 같은 삶을 살아간다면, 얼마나 안타까운 일일까요? 현실이라는 틀에 갇혀 스스로의 잠재력을 가두지 말고 꿈을 향해 용기의 발걸음을 옮겨야 합니다.

다른 사람과 비교하지 말고 자신이 좋아하고 잘할 수 있는 일, 취미, 특기 등 다양한 선택으로 새로운 삶을 살아야 합니다.

꿈을 가지고 있는가. 그리고 그 꿈을 정말 이루고 싶은가. 그렇다면 지금 당장 그 꿈을 쓰고 주위에 말하기 바랍니다. 마음속으로만 생각하는 꿈은 내 안의 열정을 전혀 일으키지 못합니다. 쓰고 말하는 사이에 꿈의 간절함이 더해질 것입니다.

인상파 화가 모네는 생전에 별로 인정을 받지 못했습니다. 파리의 살롱은 그의 작품을 조롱하고 거부했습니다. 그가 그린 그림 〈인상, 해돋이〉라는 그림을 본 평단에서는 "정말로 인상만 그렸을 뿐"이라고 조롱하며 인상파라는 별명을 붙였습니다.

하지만 모네는 가난에 시달리면서도 자신의 화풍을 포기하지 않았습니다. 그 결과 세월이 흐르고 인상파의 작품이 인정받기 시작하면서 그는 정원이 딸린 저택에서 살 정도로 부유해졌습니다.

"나에겐 그림 그리는 것과 정원 가꾸는 것을 빼고는 좋은 것이 없다."라고 말할 정도로 그림 그리기를 좋아하던 모네. 당시 그를 조롱했던 기성 화가들의 이름은 잊혔지만 그는 지금도 '인상주의 왕자'로 기억됩니다. 실패를 두려워하지 않고 당당히 인생에 맞선 사람들은 셀 수 없이 많습니다.

> 나는 실패한 적이 없다. 어떤 어려움을 만났을 때 거기서 멈추면 실패가 되지만, 끝까지 밀고 나가 성공을 하면 실패가

아니기 때문이다.

경영의 신으로 불리는 마쓰시타 고노스케의 말입니다. 성공의 반대는 실패가 아니라 포기하는 것입니다.

성공은 멀리 있는 것이 아닙니다. 자신과의 약속을 지키는 것이 성공의 시작입니다.
새벽 기상을 하겠다고 자신과 약속했다면 이불을 박차고 일어나는 당신이 바로 영웅입니다.

그리고 책을 읽고 생각을 정리하는 자기만의 휴식시간을 가져야 합니다. 자신에게 딱 맞는 휴식법을 찾는 것이 중요합니다. 먹고 싶은 음식을 먹거나, 부족한 잠을 더 자거나, 산책을 하며 걷거나, 보고 싶은 영화를 보거나, 아름다운 장소로 여행을 가거나 자신만의 휴식을 통해 새로운 활력을 얻을 수 있습니다.

생애, 도전과 투쟁을 거듭한 다빈치는 이런 말을 남겼습니다. "철은 사용하지 않으면 녹이 슨다. 고인 물은 탁해지고, 추위에는 얼어버린다. 이와 마찬가지로, 활동을 정지하면 정신은 활력을 상실한다."

그리고 죽음을 앞두고 "나는 계속하겠다."라는 훌륭한 말을 써서 남겼습니다.

인생의 충실과 탐구, 과제를 향한 도전에 '정년' 따위는 있을 수 없습니다. 인생의 연륜을 더할수록 창조의 빛을 한층 더 강렬하게 발산하는 사람에게는 '늙음'이란 없을 것입니다. 그 까닭은, 언제나 인생의 '현역'임을 자부하고 있기 때문이 아닐까요?

저는 '생애 청춘'이라는 말을 좋아합니다. 또 언제나 "생애 청춘이어라."라고 자신에게도, 지인에게도 말합니다. 젊음이란, 나이로 정해지는 것이 결코 아닙니다.

그 사람이 세운 목표를 향해서 늠름하게 끝까지 살아가는 정열의 불꽃으로 결정됩니다.

모든 것은 자신의 마음먹기에 달려 있습니다. 중년의 시기를 인생의 완성을 향해 가는, 마무리하는 때로 보고 같은 시간을 살아도 더욱더 정진하는 인생을 살아가고자 합니다.

살며 사랑하며 꿈꾸고 배우는 삶.

저서
《나에게 일어난 멋진 일》, 미리내 명상책방(2023)
《아기 고래 코코의 모험》, 미리내 명상책방(2024)

강연
인문학향기 자기계발카페 독서 모임 강연

SNS
https://blog.naver.com/soomsoombook
https://instagram.com/rahunee2028

삶이라는 별로
빛나는 당신에게

양진화(숨숨북) 작가

차례

당신은 반짝일 자격이 있습니다
서울, 겨울, 김광석 그리고 딸과 함께
앤과의 대화: 중년이라는 계절에서

양진화(숨숨북) 작가

당신은 반짝일 자격이 있습니다

지구에서의 삶은 여행자의 삶입니다. 멀고 먼 별에서 지구로 여행 온 여행자라는 생각을 하면 삶은 그대로 여행 같아요. 때로는 반짝이는 호숫가를 조용히 거닐기도 하지만 가끔은 험난한 가시덤불을 헤치며 나아가는 모험을 해야 하지요. 그것이 여행자의 숙명이자 묘미인 것 같아요. 긴 시간 여행을 하며 무엇을 보았는지 무엇을 느꼈는지 중년의 문턱에 서서 돌아봅니다. 지나온 시간들이 조용히 말을 걸어오는 것 같아요. "어땠어?", "괜찮았어?"라고 물어와요. 가만가만 헤아려 봅니다. 후회일 수도, 아쉬움일 수도 있는 감정의 조각들이 물결처럼 일렁입니다. 그러나 다시 보니 물결 위로 반짝이는 햇살이 춤을 추며 웃고 있네요. 모두 나를 만든 어여쁜 조각들입니다. 나태주 시인이 자세히 보아야 예쁘다더니 정말이에요. 오래 들여다볼수록 수면 깊숙한 바닥까지 스며든 빛이 보여요. 지금까지의 삶이 한 권의 책이라면 이제는 새로운 장을 열어야 할 때라는 생각이 듭니다. 중년은 끝을 준비하는 시간이 아니라, 더 깊은 이야기를 써 내려가야 할 시간이라는 생각이 들거든요.

지나온 날들이 원하던 삶이었냐고 물어본다면 꼭 그런 건 아니었다고 대답해야겠어요. 무엇을 원하고 바라며 지구에 도착했는지도 많이 잊었어요. 마음 깊은 곳에서 완전히 사라지지는 않았으나 깊은 사유 없이 주어진 숙제를 해결하듯이 살아온 삶이었지요. 그러나 후회한다거나 실패했다고 말하고 싶지는 않아요. 성실하게 해야 할 일들을 했고 삶에서 배워야 할 것들을 배웠어요. 모든 시간들이 공부하는 시간, 수행하는 시간이었다고 생각해요. 즐거움도 고통도 배우며 한 걸음씩 앞으로 나아가는 시간이었죠. 그 삶이 이제는 나에게 더 많이 배우고 사랑하며 더 지혜롭고 단단하게 나아가라고 살며시 등을 밀어주는 것 같습니다. 이제는 자신이 누구인지 스스로에게 질문하고 사유하며 지금까지와는 다른 파장 속에서 새롭게 삶의 의미를 찾아보라고 말해줍니다. 여전히 계속 가야 할 시간이 남았다는 것을 잊지 말라고 합니다.

　더 반짝이는 삶이 남아 있음을 믿고 있어요. 무엇이든 다시 시작할 수 있으니까요. 모르는 것이 많았고 망설임이 많았던 삶에서 이제는 믿고 움직이며 행하는 삶을 걸어보자는 생각이 들어요. 배우고 익히고 사유하며 몰랐던 것, 낯선 것들을 두려움보다는 설렘으로 만나보고 싶어요.

　당신의 마음은 어떤가요? 나와 크게 다르지 않겠지요? 서로 다른 길 위에 서 있던 우리가 인연이 닿아 이렇게 잠시 마주해서 기뻐요. 당신의 삶도 때로 고단하고 치열했을 테지요. 생각하면 애틋해집니다. 소소한 즐거움도 있었을 테지만 많은 삶의 순간들은 생각과는 다른 삶이었을 테지요. 이제 스스로에게 잠시 쉬어가도록 허락해 주면 좋겠어요. 자신을 애틋하게 여기며 친절하게 대해주길 바라요. 당신은 그럴 자격이 충분하니까요.

　오늘은 당신과 조용히 이야기를 나누고 싶어요. 무슨 이야기를 나누면 좋을까요? 먼저 기억 속에서 추억의 장면들을 하나씩 떠올려 봐요. 여름날 바닷가에서 파도 소리를 들으며 밤하늘의 별을 바라보았던 날이 기억나시나요? 추운 겨울,

차가운 손으로 장바구니를 들고 저녁을 기다리는 가족들을 떠올리며 어두운 골목길을 바삐 걸었던 날은요? 아랫목에 배를 깔고 누워 달콤한 귤을 까먹으며 만화책을 읽던 어린 시절이 떠오르시나요?

부지런히 살아온 당신의 삶을 이야기보따리로 풀어낸다면, 며칠 밤을 새워도 부족할 겁니다. 파란 하늘에서 붉은 노을로, 노란 달에서 반짝이는 별로 이어지는 당신의 이야기는 때로는 풀어지고, 때로는 엮이며 가슴속에 차곡차곡 쌓여왔을 테지요. 민들레 홀씨처럼 퍼져나갈 그 많은 이야기들이 궁금해지네요.

우리끼리 얘기지만 중년이라는 말이 어색하게 느껴지지 않나요? 사실 저는 그렇거든요.

시간이 참 빠르더라고요. 아직도 초등학교 입학식 날이 기억나는데 말이에요. 상상이 되시나요? 지금 오십을 넘긴 제가, 한때 손가락을 입에 물었다고 엄마께 혼나던 8살 아이였다는 것이요. 친구와 학교 앞 분식집에서 떡볶이를 먹었던 기억은 어제 일처럼 생생합니다. 학교 매점에서 팔던 비빔우동의 칼칼한 맛도 잊히지 않아요. 튀김옷 부스러기가 몇 개 떠다니던 국물마저 맛있었죠. 용돈을 제대로 받아본 적이 없어서인지, 그 시절 사소한 맛의 기억들이 더 특별하게 느껴지네요.

고등학교 3학년 때 담임선생님은 학기 초부터 웃음을 감추셨어요.

이전에는 학생들과 농담도 주고받으며 활기차셨던 분인데, 고3 담임이 되시자마자 책임감 때문인지 항상 엄격해 보이셨죠. 꽃샘추위가 여전하던 어느 날, 친구들 대부분이 감기로 고생하며 여기저기서 기침 소리를 내던 저녁이었어요. 그날 선생님은 야간자율학습 시간에 조용히 나가시더니, 곰보빵을 잔뜩 사 들고 돌아오셨어요. 그러고는 우리에게 하나씩 나눠주시며 "먹고 해라."라고 하셨죠.

지금 생각하면, 그 엄격함은 우리를 걱정하셨던 선생님의 다른 방식의 사랑이었겠죠.

돌아보면 우리는 참 무겁고 엄숙하게 공부를 했던 것 같아요. 성적에 삶의 모든 가능성을 걸었던 시절이었죠. 하지만, 그런 시절을 거쳐 지금은 하고 싶은 공부를 할 수 있는 시간이 주어진 것이 참 감사하게 느껴져요. 물론 여전히 묶인 삶에서 완전히 자유롭다 할 수는 없지만요. 그래도 꽁꽁 묶인 것 같았던 삶에서 조금 느슨해진 줄 덕분에 생긴 좁은 틈에서 어떤 가능성이 열릴지는 알 수 없으니까요. 교과서 대신 읽고 싶은 책을 읽고, 쓰고 싶은 글을 쓸 수 있는 시간을 가져서 비로소 진짜 공부하는 학생이 된 느낌이에요.

중년의 시간은 놓쳤던 나를 되찾는 시간, '새로운 시작'의 다른 이름 같아요. 청춘의 불꽃과 노년의 지혜 사이에 선 이 시기는, 스스로를 돌아보고 진정한 나를 찾아가기 딱 좋은 때이지요. 삶을 재정비하고 에너지를 새롭게 채우며 다시 나아갈 준비를 하는 시간이라는 생각이 들어요. 앞만 보며 달려온 시간들 뒤에 찾아온 짧은 쉼이라 생각해도 좋고요. 새로운 시작을 준비하고, 또 다른 가능성을 여는 순간이라는 생각만으로도 설레네요. 그래서 저는 앞으로 써 내려갈 저의 이야기가 기대되고 당신의 이야기도 무척 궁금합니다.

김혜자 배우가 주연이었던 〈눈이 부시게〉라는 드라마를 기억하시나요? 그 드라마의 엔딩 내레이션이자 김혜자 배우의 수상소감으로 우리의 가슴을 울렸던 그 글을 소개하고 싶어요.

내 삶은 때론 불행했고 때론 행복했습니다.
삶이 한낱 꿈에 불과했다지만 그럼에도 살아서 좋았습니다.

새벽의 쨍한 차가운 공기, 꽃이 피기 전 부는 달큰한 바람,
해 질 무렵 우러나오는 노을의 냄새
어느 하루 눈부시지 않은 날이 없었습니다.
지금, 삶이 힘든 당신
이 세상에 태어난 이상 당신은 이 모든 걸 매일 누릴 자격이 있습니다.

대단하지 않은 하루가 지나고 또,
별 거 아닌 하루가 온다 해도
인생은 살 가치가 있습니다.

후회만 가득한 과거와 불안하기만 한 미래 때문에
지금을 망치지 마세요.
오늘을 살아가세요. 눈이 부시게…
당신은 그럴 자격이 있습니다.

누군가의 엄마였고, 누이였고, 딸이었고 그리고 '나'였을 그대들에게.

- 〈눈이 부시게〉

양진화(숨숨북) 작가

서울, 겨울, 김광석
그리고 딸과 함께

2024년 2월, 딸아이 생일 다음 날이었어요. 둘이 조용히 맛있는 저녁을 먹기로 했는데, 딸이 갑작스러운 문자를 보내왔어요.

"엄마, 나 레슨 받다가 잠시 나왔는 데 카페 겸 칵테일 바 사장님한테 픽 당했어(여자분이셔). 우리 여기서 생일 파티하자."

'칵테일 바?'
낯선 곳, 낯선 단어였지만 딸이 오라는 곳으로 갔어요. 카카오맵이 친절히 안내해 주는 길을 따라간 끝에 도착한 곳은 작은 간판을 단 아담한 공간, '영동다방'이었습니다. 오후 4시, 아직 카페의 온기가 남아 있는 시간대였죠. 문을 열고 들어서니 딸이 먼저 와서 기다리고 있었고, 딸 또래의 여성 사장님도 반갑게 맞아주셨어요.

영동다방은 낮에는 카페, 밤에는 칵테일 바로 운영된다고 했어요. 그런데 칵테일을 단순히 주문하는 것이 아니라 코스 요리처럼 즐기는 방식이라더군요. 그날의 주제는 '봄'. 마침 김광석의 노래와 함께 준비된 코스라고 했지요.

눈이 소복소복 내리는 서울의 골목. 창밖 풍경을 바라보며 시작된 칵테일 코스는 정말 특별했어요. 첫 잔은 '이강주'에 배와 생강을 섞어 만든 칵테일이었어요. 한 모금을 마시자, 첫 모금이, "음~?" 너무 맛있어서 깜짝 놀랐어요. 상큼하면서도 시원한 맛이 퍼지며 봄바람처럼 마음을 간지럽혔습니다. 바람결을 따라 봄이 다가오는 듯한 기분이었죠.

상상을 해봐요. 도시의 골목 다방의 창밖으로 눈이 내리는데 그 눈을 밟고 봄이 자박자박 걸어오는 거예요. 바람이 악보를 그려줘요. 악보를 타고 눈이 날아올라요. 김광석의 노래, '바람이 불어오는 곳'이 들려와요. 칵테일들은 신기하게도 노래 가사에 어울리는 맛과 향을 내요. 분명히 술맛이 났는데 배와 생강이 어우러져 상큼하고 시원한 맛까지 나더라고요.

함께 나온 안주는 재래시장에서 구한 술빵을 활용한 요리였는데, 익숙한 맛에 따뜻한 설렘이 더해졌어요.

그 순간, 오래전 기억이 떠올랐어요. 딸은 어릴 적부터 춤추고 노래하는 것을 참 좋아했어요. 초등학교 시절, 춤을 배우고 싶다고 해서 벨리댄스 수업을 듣게 했었죠. 노래방도 자주 갔어요. 당시에는 딸이 노래를 그리 잘하지 못한다고 생각했지만, 그래도 좋아하니까 응원해 주고 싶었어요.

어느 날 딸이 가수가 되고 싶다고 했을 때는 살짝 난감하기도 했어요. 사실 음치라고 생각했거든요. 하지만 그 가능성을 의심하면서도 안 된다고 단정 짓지는 않았어요. "직접 해보고 느껴보면 좋겠다."라고 생각했거든요. 몇 년간 꾸준히 연습한 덕분에 실력이 조금씩 늘기 시작했어요. 하지만 연습해서 늘어난 실력이 처음부터 잘 부르는 사람을 따라갈 순 없었어요. 노력이 아무리 가상하다고 할지라도요. 그래도 학원에 다니며 학원생들과 함께 작은 발표회 같은 것도 참여하더라고요. 지하철역에서 지하철을 타러 오가는 사람들이 잠시 쉬는 공간에서 딸이 사람들 앞에서 처음 부른 노래가 김광석의 '바람이 불어오는 곳'이었어요. 그날 한쪽 구석에 서서 실수라도 할까 봐 괜스레 혼자 마음 졸이며 딸의 노래를 들었던 기억이 났어요. 눈 내리는 오후, 영동다방에서 들려온 김광석의 노래와 칵테일 한 잔이 그날의 기억으로 데려다주었어요.

두 번째로 들은 노래는 '일어나'였어요. 그리고 함께할 칵테일은 '담솔에 솔송주 리후레쉬'라고 설명해 주셨어요. 담솔을 잘 몰랐지만 왠지 친숙한 솔향이 날 것 같다고 생각하며 바라보고 있는데 김광석의 인터뷰 영상이 나왔지요.

"마음이 무겁고 그만 살까 하는 생각도 들었는데, 그래도 이왕 사는 거 재밌게 잘 살아봐야지." 하는 생각이 들어서 다시 힘내자는 의미에서 만든 노래라고 합니다.

'이왕 사는 거 재밌게 잘 살아봐야지' 하는데, 단순한 말 같지만 듣는 순간 괜스레 마음이 찡 울렸어요. 가니쉬 연두부 튀김이 같이 나왔는데 연두부 위의 새싹이 너무 귀여웠지요. 갓 태어난 봄의 새싹 같았어요. 봄의 새싹처럼 희망을 품은 채로 다시 '일어나' 노래를 들으며 용기를 얻었어요.

딸아이는 13학번으로 대학에 입학했지만, 원하던 학과가 아니었어요. 결국 학교를 그만두고, 학원과 아르바이트를 병행하며 꿈을 찾기 위해 버텼습니다. 우여곡절 끝에 17학번으로 다시 대학 신입생이 되었지요.

2017년 2월, 딸아이와 함께 서울로 방을 구하러 갔던 날이 떠오릅니다. 칼바람이 매섭게 불던 날이었어요. 그때 서울은 왜 그렇게 삭막해 보이던지요. 하늘도 계속 흐려 있었고요. 몇 군데를 돌고 겨우 마음에 드는 방을 구했는데, 다음 날 딸아이가 말했어요.

"엄마, 나 아무래도 안 되겠어. 한 번만 더 해볼래."

솔직히 저는 그 학교를 그냥 다니길 바랐어요. 이미 너무 지쳐 있었거든요. 하지만 딸의 간절함을 무시할 수 없었습니다. 등록금을 다시 환불받고, 방 계약금을 포기하며 새로운 시작을 준비했습니다.

그 결정은 쉬운 일이 아니었어요. 딸도 두려웠겠지만 저도 두려웠어요. 남편에게는 차마 말하지 못했어요. 딸의 첫 자퇴 소식조차 반대할까 봐 숨겼던 저였으니까요. 남편은 아이에게 "머리에 뭐가 들어서 저러냐?"며, 딸의 선택과 저의 양육 방식을 늘 비판했어요. "벨리댄스는 왜 시켰냐?", "언제까지 저러고 둘 거냐?"라고 닦달하곤 했지요.

고심 끝에 딸과 저는 서울이 아닌 부산에서 입시 학원에 다니며 독립적으로 준비하기로 했어요. 딸아이 몫으로 들었던 적금을 깨고 보험을 해지하며 필요한 돈을 마련했어요. 딸은 혼자 방에서 밤을 보내지 못해 불을 켜고 잠을 청했지만, 꿈을 향한 발걸음을 멈추지 않았어요.

하지만 원하는 결과를 얻지 못했어요. 결국 딸은 다시 집으로 돌아와 입시를 준비했지요. 이번엔 합법적으로 학원을 다닐 수 있었지만, 여전히 비난의 눈초리를 피하긴 어려웠죠.

그해에도 대학을 못 갔어요. 마지막으로 딸은 서울에서 학원을 다니겠다고 했습니다. 몇 날 며칠 방을 찾아다니며 겨우 셰어하우스에서 방을 구하고, 학원을 등록했어요. 그렇게 다시 꿈을 향해 뛰기 시작한 딸은 결국 20학번으로 대학에 입학했습니다. 비록 코로나로 2년은 제대로 학교생활을 즐기지 못했지만요.

그 긴 시간 동안, 딸은 얼마나 많은 봄을 꿈꾸었을까요. 쓰러졌다가 다시 일어나고, 포기할 듯하면서도 끝내 걸어간

그 모든 시간이 떠올랐습니다.

영동다방에서 듣던 김광석의 '일어나'처럼, 딸이 쓴 것은 끝내 다시 일어나는 희망의 이야기였지요. 그리고 그 여정은 지금도 여전히, 계속되는 중입니다.

돌아보니, 딸은 수시와 정시에서 수도 없이 떨어졌어요. 1차 합격은 해도 2차에서 고배를 마셨고, 간절히 기다리던 추가 합격에서는 예비 번호 바로 앞에서 끊기기도 했어요.

그런 날들이 쌓여가던 시기, 저는 어떤 말도 하기 조심스러웠어요. "힘내."라는 말도, "괜찮다."라는 말도, "그만해."라는 말도, "계속해 보자."라는 말도, 그 어떤 말도 하기 조심스럽고 위로가 될 것 같지 않았어요.

무슨 말을 해야 할지 점점 궁해지더라고요. 그래도 무언가 말을 해야만 했죠. "되기는 반드시 될 거야."라고 말하면서도, 그 "때"가 언제일지 몰라 답답했어요.

"삶이란 안 될 때는 그렇게 안 되다가, 될 때는 또 느닷없이 덜컥 되는 법이야."라고도 했죠.

"10년을 해서 아무것도 안 된다고 해도 괜찮아, 그래도 겨우 30대잖아."라며 시간을 위로하기도 했지요.

"그 과정 자체가 훌륭해. 너는 이미 최선을 다했어. 떨어지고 또 떨어지고도 계속 도전하는 용기는 아무나 낼 수 없는 거야." 이런 말들을 반복하며 스스로도 위로가 되기를 바랐지만, 마음 한편으로는 그 말들이 딸에게 가닿지 않을 수도 있다는 생각에 마음은 늘 무거웠어요. 아무리 진심이라도, 아무리 옳은 말이라도, 그 시기의 딸에겐 공허하게 들릴 수도 있겠다고 생각했으니까요.

2019년, 딸은 다시 한번 대학 수시 입시에서 모두 떨어졌어요. 그날, 딸에게서 전화가 왔어요.

"엄마, 나 도저히 더 이상은 못 하겠어, 나 그냥 죽고 싶어."

순간 머리가 하얘졌지만, 곧 이렇게 말했어요.

"그럼 엄마가 같이 죽어줄게. 지금은 병원에서 할아버지 암 수술 끝나고 깨어나길 기다리는 중이니까 어느 정도 회복하시면 엄마가 갈게. 그때 같이 좋은 곳으로 가서 죽자. 조금만 기다릴 수 있지?"

물론 진심으로 같이 죽을 생각은 아니었지요. 딸도 사랑하지만 사랑하는 아들도 있는데 상처를 줄 수는 없으니까요.

딸이 느낀 절망을 조금이라도 공감하고 위로해 주고 싶었지만 무슨 말을 해야 할지 모르겠더군요. "반드시 이 시기는 지나간다."라고 믿었지만 흔들리는 순간순간을 다잡고 다시 일상으로 돌아와야 하는 힘이 만만치 않게 들었어요.

입시를 이제 그만하라고 말하기도, 계속하라고 격려하기도 어려웠어요. 혹시라도 "그만해라."라는 말이 상처가 될까 봐 두려웠고, 반대로 "계속해 봐라."라는 말이 부담이 될까 그것도 조심스러웠어요. 딸의 선택을 응원하고 싶었지만, 어디까지가 응원이고 어디까지가 부담인지 판단하기가 어려운 시간이었어요. 그리고 그해 정시에서 딸은 결국 대학에 합격했어요. 그동안 지나온 시간이 무의미하지 않았음을, 어떤 날은 반드시 온다는 사실을 그제야 실감하게 되었지요.

칵테일 바에서 김광석의 '일어나'를 들으며 여러 가지 생각이 들었어요. 수없이 떨어지고 거절당했지만 끝까지 도전한 딸을 보며 '나는 할 수 있었을까?'라고 생각했지요. 그렇게 버텨낸 딸을 보며 저도 배워야겠다는 생각을 했어요. 각자가 절망의 순간을 견디는 방식이 다를 수 있지만 누구에게나 그 순간 곁에 있어줄 사람이 필요하다는 생각도 하게 되고요. 절망을 넘어서면 마침내 새로운 길 위에 설 수 있는 날이 오리라 생각해요.

오늘도 어디에선가 또 다른 희망이 길을 나서서 나를 향해, 아니 우리를 향해 걸어오고 있을지도 몰라요. 지금 '일어나'서 걸어야겠어요.

세 번째로 들려준 노래는 '그날들'이에요. 진도홍주(지초)에 홍삼발효액이 들어갔다고 들은 것 같은데 왜 이 칵테일이 그날들 노래와 어울리는 것인지 이유가 생각이 안 납니다. 붉은 홍주가 열정이나 열병 같은 거라면 그 마음을 달래줄 것이 홍삼일까요?

실제로 마음이 아플 때도 몸이 아플 때처럼 진통제를 먹으면 통증이 완화된다고 했으니까요.

> 잊어야 한다면 잊혀지면 좋겠어, 부질없는 아픔과 이별할 수 있도록

노래를 들으며 창밖을 보는데 눈발이 'X' 자로 날리더군요. 바람이 오른쪽에서 왼쪽으로, 왼쪽에서 오른쪽으로 동시에 불고 있었어요. 그날 아침에는 비가 내렸어요. 그러다 다시 눈으로 바뀌었고 굵어졌다 가늘어졌다 하던 눈들이 창문 너머 골목으로 몰려다녔어요. 눈들은 어느 순간 지나가는 사

람들의 우산 위에 서로 올라타려는 듯 날아올라요. 그저 지나던 바람이었는지 함께 머물고 싶어 일부러 찾아온 바람이었는지 몰라도 참 잘 어울리네요.

다음 노래가 소개돼요. '서른 즈음에'였어요.
가수는 자기가 부른 노래 가사처럼 된다고 해서 한동안 안 불렀던 노래라고 하네요.

예쁜 비엔나커피 같은 칵테일이 나옵니다. '감몽노' 래요. 감몽, 달콤한 꿈입니다. 베이스는 쌍화라고 하더군요. 백설기 약과 크럼블도 함께 나왔어요. 청춘의 달콤함과 씁쓸함을 함께 담았네요. 정말 맛이 달고 써요. 단맛이 조금 더 강했던 것 같아요.

김광석 가수의 귀엽고 선해 보이는 웃음이 참 좋았어요. 눈발이 더 굵어지고 있었어요. 갑자기 그 공간이 비현실적으로 느껴졌어요. 어딘가로 여행을 떠나온 것도 같고 일본의 어느 우동집 같기도 하고 김승옥의 1964년 겨울, 서울의 선술집이 생각나기도 하고 무진기행의 안개 낀 도시처럼 아득하다는 마음도 들고요. 어떻게 여기까지 왔을까요? 안개 낀 무진처럼 나의 삶도 안개가 자욱하게 내려앉은 길 같았어요.

청춘의 길 위에 습기 머금은 안개가 내려앉으면서 어느새 길은 중년의 길로 바뀌어 있네요. 그리고 다음 칵테일이 나오기 전에 '흐린 가을하늘에 편지를 써'를 들려줬어요. 칵테일과 함께한 곡은 아니고 그냥 사이에 넣어준 곡이에요.

마지막 코스 곡은 '사랑했지만'이에요. 위스키 베이스에 커피를 담은, 양이 푸짐한 칵테일이 나왔네요. 막걸리 아이스크림에 커피 쿠키를 곁들여서요.

김광석 가수는 인터뷰에서 이런 이야기를 했더라구요. 이 노래 가사를 보면 사랑에 대한 태도가 너무 수동적이라서 별로 안 좋아했다고요. 그런데 어느 날, 아주머니 스무 분 정도 모인 어느 모임에서 1924년생 할머니 한 분을 만났어요. 그 분이 이런 이야기를 들려주셨다고 해요.

> 그 노래가 처음 나왔을 때 레코드 가게 앞에서 우산도 없이 비를 맞으며 하염없이 서서 듣고 있었어요. 노래 제목을 몰랐는데, 우연히 방송에서 그 곡이 나오길래 방송국에 전화를 걸어 제목을 물어봤어요. 지금 이 나이에 무슨 감정이랄 게 있겠어요. 그런데 그 노래가 잃어버린 감성을 되찾아 줬어요. 마치 16살 소녀로 돌아간 기분이었죠.

그 이야기를 들은 김광석 가수는 큰 깨달음을 얻었대요.

"아, 내가 노래를 더 열심히, 잘 불러야겠구나." 그렇게 다짐했다고 합니다. 지금보다 꽤 오래전 이야긴데 1924년 생이셨으면 그 당시엔 일흔 정도 되셨으려나요. 노래 한 곡이 가져다준 감동이 얼마나 컸을지 상상이 됩니다.

김광석 가수는 생전에 8년 동안 무려 천 번의 공연을 했다고 해요. 세상을 떠나기 전 마지막 공연이었던 방송에서는 '너무 아픈 사랑은 사랑이 아니었음을'이 나왔어요. 노래를 들으며 마지막 칵테일을 마셨어요.

그 순간 칵테일을 마시며 생각했어요. 과거가 아니라 미래가 기억났지요. 힘들고 불안했던 서른쯤도, 마흔쯤도 아니라 그보다 더 시간이 지난 두 번째 30살쯤이 떠올랐어요. 16살 소녀의 마음으로 비를 맞으며 김광석의 노래를 듣는 할머니가 떠올랐지요. 두 번째 서른 살을 맞아 다시 김광석의 '서른 즈음에'를 듣고 싶어요. 그리고 '사랑했지만'을 들으며 16세 소녀처럼 감성에 젖고 싶어요. 그때도 내 삶의 많은 것을 보고 듣고 배우고 느끼는 감각을 유지하고 싶은 바람이에요. 여전히 길 위에 서 있는 사람으로 내 길을 단단하게 걸어가고 싶어요. 그러다 잠시 음악에 마음을 내려놓고 온 마음으로 울어봐도 좋겠다 싶어요.

    오늘이라는 과거를 추억하면서요. 살아 있음을 감사하면서요.

    김광석은 공연이 끝날 때면 언제나 관객들에게 "행복하세요."라고 인사했다고 해요.
    그는 말합니다.

> 자기 일을 열심히 하고 그 속에서 보람을 느끼는 사람은 행복한 사람입니다.

    그의 노래는 참 따뜻합니다. 그래서 오늘날에도 여전히 많은 사람들에게 행복과 위로를 전하고 있지요.

    참 이상하네요. 2024년의 2월의 겨울에 시작된 이야기에서 지금 시간을 돌아보는 2024년 12월의 겨울까지, 한 해에 겨울이 두 번이란 것을 이제 방금 쓰면서 알았어요. 1년은 겨울에서 시작해서 겨울로 끝나는 거였네요.

    살면서 가장 자주 눈을 본 것은 2024년이에요. 오로지 제 기준으로요. 심지어 11월에도 눈을 봤으니까요. 그리고 겨울 속에서 연분홍 봄도 자주 보았던 것 같아요. 연둣빛 봄이 기웃거리나 싶으면 그 속에서 다시 밤톨 같은 겨울들이 굴러 나오기도 했지만요.

2024년의 겨울과 봄 사이, 그 어느 하루 서울에서 2월의 봄과 눈, 김광석, 칵테일이라는 단어들과 함께 딸아이의 입시까지 묶으니 그것들이 모여서 나의 중년을 그려줬어요.

칵테일의 맛과 향은 모두 좋았고 노래도 훌륭했어요. 내리는 눈과 창밖을 지나가는 사람들까지 영화의 한 장면 같았던, 즐겁고 기쁜데 묘하게 쓸쓸한, 완벽한 하루였지요. 그것은 바로 나의 중년으로 그대로 복사됩니다.

그날 가오픈한 기념이라고 서울의 영동다방에서는 극구 돈을 받지 않으셨어요. 너무 감사해서 오르골을 하나 사서 딸이 전해드렸지요. 〈하울의 움직이는 성〉의 OST, '인생의 회전목마'가 나오는 걸로 골랐어요. 칵테일을 마실 땐 몰랐는데 나중엔 은근히 취한답니다. 혹시 칵테일에 취해 잠들었다가 깨어나 보니 영화에 나오는 소피처럼 우리도 마법에 걸려 갑자기 늙어버린 것은 아닐 테지요.

양진화(숨숨북) 작가

앤과의 대화:
중년이라는 계절에서

어릴 땐 동화를 참 좋아했어요. 마음 한구석에는 동화책의 책장을 넘기던 어린 시절의 내가 여전히 그곳에 있는 느낌일 때도 있어요. 가끔 마음의 길을 따라 가만가만 어린 나를 만나러 가요. 그러면 동화 속의 친구들과 놀고 있는 나를 만날 수 있어요. 오늘도 환한 길을 따라 걷다가 빨간 머리 앤을 만났답니다.

"안녕, 앤. 너의 빨간 머리는 여전히 아름답구나. 나도 너처럼 머리카락을 예쁘게 채색해 보고 싶어. 나이가 들어도 여전히 삶에 대한 호기심이 남아 있어. 어릴 때 너의 끝없는 상상력과 세상을 향한 따뜻한 시선을 통해 삶이 얼마나 다채로울 수 있는지 배웠기 때문인가 봐. 지금 생각해 보니 너를 만난 건 행운이었어. 그런데 말이야, 앤. 나는 어느새 중년이 되어서 내가 상상했던 미래와는 조금 다른 현실 속에서 살아가고 있단다."

"중년이요?" 앤이 눈을 반짝이며 물어요.

"그건 어떤 계절인가요? 아름다운 단풍이 물들고 낙엽이 춤추는 가을처럼 특별한 시기일까요?"
"그래, 앤," 나는 미소 지으며 대답해요.

"중년은 바로 그런 계절이야. 고독과 허무함을 느끼기도 하지만 풍요롭고 아름답기도 해. 과거를 돌아보며 자신의 현재를 직시하고 미래를 설계하는 시간이기도 하지."
"그럼 중년에는 어떤 일이 일어나나요?" 앤은 호기심에 찬 목소리로 물었어요.

나는 조용히 말해요.

"중년에는 자녀가 독립해서 따로 살기도 하고, 일에서의 위치가 변하기도 해. 몸도 예전 같지 않다는 걸 느끼게 돼. 그럴 때면 가끔 '내가 지금 잘하고 있는 걸까?'라는 질문이 머릿속을 떠나지 않기도 해. 그래서 몸과 마음의 관리가 더 중요해지는 시기란다."

"그럴 땐 뭐가 제일 좋을까요?" 앤은 걱정스러운 얼굴로 물었어요.

"쉼표를 찍는 거지. 삶의 속도를 잠시 늦추고 걸어가는 거야. 지나온 시간을 돌아보며, 내가 놓치고 지나쳐 온 건 없는지 살펴보기도 하면서 말이야. 중년엔 마음이 급해져서 자칫 더 서두르다가 몸과 마음을 놓쳐버리면 더 큰 일이거든. 앤, 너라면 어떻게 할 것 같니?"

앤은 활짝 웃었어요.

"저라면 나무 아래 앉아 하늘을 올려다볼 거예요. 구름이 얼마나 멋진지 생각하다 보면 마음이 한결 가벼워질 것 같아요."
"그래, 좋은 생각이야. 그런 생각을 하다 보면 몸은 어느새 구름 위에 앉아 있기도 하지."

앤이 다시 눈을 깜빡이며 물어요.

"그리고, 또 뭘 하나요?"
"앤, 걷기도 좋은 방법이란다." 내가 말해요.

"자연 속을 걸으며 바람과 나무의 소리에 귀 기울이는 거야. 그러면 발걸음을 내디딜 때마다 마음이 정리되는 걸 느낄 수 있어."

앤은 고개를 끄덕이며 말했지요.

"그럼 길을 걸으면서 저 자신에게 물어볼 거예요. '앤, 네가 진정으로 원하는 건 뭐니?' 하고요."
"그래." 나는 웃으며 말한답니다.

"그런 질문이 참 중요해. 나는 가끔 걸으면서 이런 질문을 해. '지금 이 순간, 나는 행복한가?', '나로 살아가고 있는 것일까?' 답이 바로 떠오르지 않아도 괜찮아. 걷는 동안 그 답을 찾아갈 수 있으니까."

"그런데요," 앤이 조용히 다시 물었어요.

"전, 언제나 앤인데 내가 나로 사는 것이 당연한 거 아닌가요? 중년에 자신으로 사는 건 어떤 거예요?"

"그렇구나, 앤. 맞아, 내가 나인데 어떻게 다른 내가 되겠어. 그런데도 사람들은 자신의 생각과 다르게 행동하거나 다른 사람의 눈치를 보거나 다른 사람들에게 보이는 삶을 살기 위해 스스로를 잃어버리는 순간이 있단다. 어쩔 땐 떠오르는 생각이 나의 것인지 타인의 것인지 구분하기 어려울 때도 있지."

"아, 그렇군요. 내가 내가 아닐 수도 있다니, 너무 슬픈 일이에요. 그래서 사람들이 진짜 나를 찾기 위해 명상도 하면서 스스로를 돌보는 거군요."

"와, 앤, 너 정말 똑똑하구나. 맞아. 명상도 하고 스스로를 안아주면서 자신을 더 사랑하려 애쓴단다. 그래야 다른 사람도 더 사랑할 수 있어."

"그럼, 자신을 찾기 위해 또 무엇을 하면 좋을까요?"

"고요하게 홀로 앉아서 자신에게 편지를 써보는 것도 좋을 것 같아. 과거의 나에게, 현재의 나에게, 그리고 미래의 나에게."

앤은 환하게 웃으며 말해요.

"과거의 저에게는 이렇게 쓸 거예요. '앤, 넌 항상 열심히 했어. 때론 실수도 했지만, 그건 괜찮아. 그 실수들이 지금의 널 만들었잖아' 그리고 현재의 저에겐 이렇게 쓸 거예요. '앤, 넌 있는 그대로 충분히 멋져. 네가 가진 꿈들은 여전히 반짝이고 있어'라고요."

나는 앤의 말을 들으며 고개를 끄덕였죠.

"그리고 미래의 너에게는 어떤 편지를 쓸 거니?"
"미래의 저에겐요, 이렇게 쓸래요. '앤, 넌 앞으로 더 많은 것을 이루고 행복해질 거야. 지금의 고민들은 다 지나갈 거야. 그러니 스스로를 믿어줘'"
"앤, 넌 정말 멋진 생각을 하는구나. 너의 편지 내용이 나에게 해주고 싶은 말들과 다르지 않네. 그렇게 편지를 쓰면서 지나간 나와 현재의 나를 돌아보기도 해. 그리고 그 속에서 내 삶의 조각들을 모으지." 내가 말했어요.

"서툴렀던 행동과 힘들었던 기억, 실수와 실패, 그리고 해낸 일들과 즐거운 추억을 돌아보면서 그 모든 조각들이 내 삶을 완성시켜 왔다는 걸 깨닫게 되거든."

앤은 잠시 생각에 잠기더니 대답했어요. "맞아요, 모든 조각들에 내가 담겨 있는 거군요. 그리고 날마다 감사한 일은 있는 것 같아요. 매일 밤, 제가 감사한 일을 3가지씩 적어보면 어떨까요? 오늘 본 아름다운 노을, 친구와의 따뜻한 대화, 그리고 제가 좋아하는 책 한 권 같은 것들요."

"그건 정말 멋진 아이디어야, 앤." 나는 미소 지었어요.

"그렇게 하면 네 삶이 얼마나 아름답고 풍요로운지 느낄 수 있을 거야."

"하지만," 앤이 살짝 고민스러운 표정으로 말했어요.

"나이가 든다는 것은 어떤 거예요? 아직도 전 잘 모르겠어요. 중년에도 새로운 꿈을 꿀 수 있을까요?"

"물론이지, 앤." 나는 단호하게 말했지요.

"나이가 든다는 건, 잘 살아가고 있다는 뜻이지. 그리고 중년은 살아온 삶에서 잠시 호흡을 가다듬고 새로운 시작을 해야 할 때야. 하고 싶었지만 미뤘던 일들을 시도할 수 있는 기회이기도 하단다."

"와, 그럼 중년의 시기는 정말 멋진 거네요. 전 그림을 배우고 싶어요!" 앤이 신나서 말해요.

"나중에 제가 보는 세상을 그림으로 담아내는 게 제 꿈이었거든요."

"지금이 딱 좋은 때야, 앤. 넌 지금도 그걸 할 수 있어." 나는 앤의 손을 살며시 잡았어요. 아니 앤이 내 손을 잡은 걸까요?

"너라면 무엇이든 할 수 있단다."

사랑스러운 앤을 바라보니 기분이 좋아져요. 그리고 내 주위의 아름다운 사람들을 생각하게도 돼요.

"앤, 중년에는 관계도 새롭게 바라보게 돼." 내가 다시 말을 이어갔어요.

"가족, 친구, 그리고 스스로와의 관계를."

앤은 고개를 끄덕이며 말했죠.

"중요한 건 나 자신과 잘 지내는 거겠죠? 제가 저를 사랑하면 다른 사람도 더 사랑할 수 있으니까요."

"맞아 앤, 자신을 진심으로 사랑하는 사람만이 타인도 그렇게 사랑할 수 있단다. 중년은 열심히 살아온 자신을 격려하고 사랑해야 할 때야. 자신을 향한 변함없는 신뢰와 새로운 사랑을 보여주기 딱 좋은 때지. 중년이라는 말로 어느 시기를 지정하기도 하지만 어느 시기도 아름답지 않은 때는 없어. 지금까지 걸어온 길도, 앞으로 걸어갈 길도 모두 소중하단다."

앤은 환하게 웃으며 말했지요. "그럼 중년이라는 계절도 참 멋진 시간이겠네요. 저는 그 계절이 왔을 때도 지금처럼 꿈꾸고, 걷고, 편지를 쓰며 제 삶을 사랑할 거예요."

나는 앤의 말에 미소 지었어요. "그래, 앤. 그게 바로 삶을 살아가는 가장 멋진 방법이야."

삶의 모든 계절 속에서, 우리는 계속해서 새로운 길을 걸을 수 있어요. 지금 이 순간도 앤과 함께 자신의 삶을 사랑하는 법을 배우고 있지요. 저는 매일 다시 살며 사랑하며 꿈꾸며 배우는 삶을 살아갈 거예요. 당신과 함께요.

복뎅이 공간창조 봉사단 봉사활동
직장인 20년 차 블로그 작가
정리수납 전문 강사
네이버 블로그 아마추어 사진작가
실버 체조 지도사
퍼스널 브랜딩 그룹 '책과강연' 글쓰기
가치관 교육 지도사
인문학 충전소 카페 공동 운영 작가

SNS
https://m.blog.naver.com/dowoonerkim
https://www.threads.net/@dowoonerkim
https://www.instagram.com/dowoonerkim?igsh=MThwc3lwO
Xd2Zjl1cg==
https://cafe.naver.com/MyCafeIntro.nhn?clubid=31062438

중년을 위한 행복 가이드

김혜경(도우너킴) 작가

차례

중년의 배려와 신념
배우고 익히는 습관
마음 설레는 운동
독서와 글쓰기
아버지와 밤나무꽃 향기
인연으로 맺어진 소중한 사람들
참고 문헌

김혜경(도우너킴) 작가

중년의 배려와 신념

현대사회는 사람과의 관계가 매우 소중하다. 상대에게 관심을 두지 않는 개인주의가 많아지는 시대를 살아가면서 상대방과 따뜻한 관계를 오래 유지하기가 쉽지 않다. 중년에는 변화하는 주변의 모든 것을 알아차리고 행동하며, 실제 생활에 적응하는 데 가장 중요한 것이 배려심이다.

배려는 사람들의 얼어붙은 마음을 녹여주는 힘이 있다. 타인에게 바라는 것 없이 겉으로 내세우지 않고, 이타적인 마음으로 상대를 배려하는 것은 진정한 사랑이다. 배려를 받는 사람이 배려를 베풀어 준 사람에게 감사하는 마음과 고마움으로 가득한 실제 이야기를 들으면 눈물 나도록 감동하기도 한다. 상대의 배려를 악용하는 안타까운 사례들도 있지만, 그래도 더불어 사는 사회이기 때문에 서로를 사랑하고 배려하는 마음을 키워야 한다.

일상을 살아가면서 무슨 일을 하더라도 상대방과 상호관계를 맺고 일을 하게 된다. 대부분의 일은 혼자 하는 것이 아니고, 혼자 하는 일이어도 누군가의 배려와 노력이 있어야 그 일을 진행할 수 있는 경우가 대부분이다. 내가 맡은 일에 최선을 다하고 원칙을 지키는 것도 동료나 내 일과 연관된 사람 모두에 대한 배려가 된다. 가끔 자기 마음대로 하거나 게으르고 이기적으로 일을 하는 사람들이 있는데, 이런 사람들은 대부분 다른 동료와 어우러지지 못해 한 직장에 오래 머무르지 못한다. 이처럼 배려는 남에게 무언가 해주는 것뿐만 아니라, 자신이 담당한 것에 대하여 목표한 결과물을 최선을 다하여 보여주는 것도 같이 일하는 사람들에 대한 배려가 될 수 있다.

중년이 되면 자신이 오래 살아왔기 때문에 '인생의 경험에서 오는 지혜'가 충분하다는 자신감 때문에 상대를 배려하지 못하고 독불장군처럼 행동하게 되는 경우가 있다. 배려 없는 행동은 당연히 상대를 불편하게 한다. 그러나 지나치게 생색내는 배려 또한 상대방을 힘들게 하기도 한다. 어른들이 자신의 경험을 말하면서 훈수를 두려 할 때, 이것은 배려 없는 침범이 되는 동시에 지나치게 생색내는 자기만족형 배려가 되기도 한다. 이런 것을 지칭하여 요즘 청년들은 '꼰대'라는 말로 이러한 행동을 조롱하기도 한다.

급변하는 사회 속에서 중년에 자신의 신념을 지키고 살아가기는 매우 어렵다. 특히 젊은 사람들은 변화와 사회적 이슈에 민감하며 각자의 개성을 표출하는 자기표현이 강하고, 함께하는 것보다 개인주의적인 성향이 강한 경우가 많다. 그러나 기성세대들은 자신이 성장한 역사적 맥락이나 살아온 생활환경 때문에 가족 중심적이고, 예의범절을 중시하며, 모든 일에 윤리와 도덕을 지켜야 한다는 신념을 갖는 경우가 많다. 이런 신념들을 일각에서는 고리타분하다고 하기도 하며, 과거 주입식 윤리관의 폐해라고 지적하기도 한다. 그러나 전통적으로 내려오는 기본윤리와 규범은 상황에 따라서 필요할 수도 있다.

누구나 내면의 가치관은 세우고 살아야 한다. 중년이 되면 오랜 세월 자신이 정립한 가치관을 절대적으로 옳다고 주장하지 않도록 주의하여야 한다. 중년에는 새로운 것을 수용하고 변화를 두려워하지 않는 가치관을 새로 세워야 한다. 자신의 내면을 재정립해야 하는 때가 바로 중년이고, 유연함이 없이 너무 곧기만 하면 부러지듯이, 나 자신의 내면을 다시 정리하며 안정성을 찾아야 하는 시기가 중년이다. 물론 오랜 기간 만들어 온 신념을 바꾸는 일은 쉽지 않다. 그러나 중년에 이르러 어리석은 신념을 지키느라 모든 것을 잃게 되는 사기를 당하여 퇴직 이후 죽음으로 몰리는 소식을 듣게 되면 너무 안타깝고 가슴이 아프다. 삶을 지탱하는 유일한 가치관이 무너지면 결국 가족들 앞에서 버티지 못하고 스스로 삶을 그만두게 되는 것이다.

중년은 과거 기억을 바탕으로 현재를 살아가게 된다. 살아온 경험을 바탕으로 새로운 것을 익히고, 다가오는 노년의 시간을 준비해야 하는데, 과거에 만들어진 자신의 신념만을 고집한다면, 나이가 들수록 점점 고립될 수도 있다. 중년에는 자신의 신념과 가치관도 중요하지만, 항상 주위와 소통하고, 성별과 나이를 의식하지 않는 지혜를 나누어서 부족한 점은 고쳐나가며 유연한 생각과 행동으로 동행하는 삶을 살아야 행복한 노년을 보낼 수 있다.

중년은 새롭게 만드는 것보다 반평생 살아오면서 쌓아온 것들이 더 많은 시기이다. 내면의 가치관만 아니라 주위 환경도 마찬가지다. 과거의 유교적 가치관이 지금은 유효하지 않은 것들이 있듯이, 물건들도 유효한 기간이 있다. 시대착오적 가치관을 버려야 하는 것처럼, 사용하지 않는 물건들을 정리하는 습관도 필수적이다. 물건을 정리하는 습관은 매우 중요하다. 일터나 집에 사용하지 않는 물건들이 방치되어 있으면 공간이 좁아져 스트레스와 피로감을 가져오고, 건강을 해칠 수도 있다.

정리수납과 관련된 정보들은 넘쳐난다. '옷장 정리법', '옷 접는 법' 등 검색 한 번이면 기발한 방법들을 쉽게 접할 수 있다. 그러나 정리 방법을 쉽게 알았다고 해서 모든 것을 한 번에 정리할 수는 없다. 살아온 세월만큼 쌓아둔 물건들도 많다. 물건들을 정리하려면 굳게 마음을 먹고 시간을 정하여 한 가지라도 실제로 정리하는 것이 중요하다. 여유가 된다면 전문가의 도움을 받아보는 것도 좋다. 정리를 습관화하고 매일 조금씩 정리하는 시간을 정하여 정리를 하면, 물건과 함께 마음도 정리되는 것을 느낄 수 있을 것이다. 나를 위하는 마음 정리가 필요할 때는 집이나 일터에서 물건 정리를 시작하면 마음도 다스려진다. 꼭 필요한 물건만 남기고 모두 정리하여 서로 나눔하고, 추억의 물건들은 디지털 시스템으로 변환시키는 것까지 중년은 새로운 물건을 쌓기보다 내적인 면과 외적인 면을 현재 환경에 맞게 적응하고 정리해야 한다.

최근에 읽었던 《허송세월》이라는 책은 스스로 성찰하며 자신을 갈고닦는 삶이 무엇인지 깊이 생각을 하게 한다. 그 책에서 김훈 작가는 잘 정리된 노년을 다음과 같이 표현한다.

> 혀가 빠지게 일했던 세월도 돌이켜보면 헛되어 보이는데, 햇볕을 쪼이면서 허송세월할 때 내 몸과 마음은 빛과 볕으로 가득 찬다. 나는 허송세월로 바쁘다.
>
> – 《허송세월》, 김훈(p.43)

김혜경(도우너킴) 작가

배우고 익히는 습관

아직 청년이던 시절 이것만은 자신 있다고 말할 수 있는 것들이 있었는데, 나이가 들면서 그것들이 점점 사라져 가는 것 같다. 주위의 모든 변화에 대해 예민하게 반응하고 그에 따라 행동 방식을 바꾸는 일은 중년이 되고 행동이 느려지는 신체 조건이 되면서 이제는 벅차다.

인터넷이 대중화된 지금, 매일 새로운 뉴스와 정보가 쏟아진다. 현대인들이 하루에 접하는 정보량은 19세기 말부터 20세기 초에 살던 사람이 평생 접하는 정보량과 같다, 라는 이야기가 있다. 빠르게 움직이는 정보의 홍수 속에서 항상 기민하게 반응하지 않으면 감당할 수 없다.

배움이란 직접 학습하고, 살펴보고, 행동하고, 실행할 수 있는 것을 찾아내는 것이다. 자신에게 필요한 정보나 기술을 배우고 익히면 쏟아지는 정보들을 자신의 것으로 만들 수 있다. 그러나 많은 사람들이 바쁘다는 핑계로, 또는 관심 분야가 아니라고 생각하면서 쏟아지는 정보와 급변하는 세상을 스치듯 외면하고 만다. 그 때문에 중년이 되면 배우고 익히는 습관이 중요하고 배우는 시간을 많이 갖도록 노력해야 한다.

중년이 되면 자신에게 멋지게 투자할 수 있어야 한다. 투자는 경제적인 투자도 있겠지만 시간을 투자하여 생활환경을 정리하고, 어떤 것이 정말 필요한 것인지 판단하고 정리 시간을 갖는 것도 투자라고 할 수 있다. 평소에 습관처럼 하던 것이 아닌 새로운 것을 배우기 위해 다시 학생이 되기로 용기를 내는 것도 큰 투자이다. 인생의 중반을 지나왔지만, 배우고 익히는 습관으로 미래를 준비한다면 인생의 후반기는 준비한 만큼 새로운 길이 펼쳐질 것이다. 일본의 유명한 작가 사이토 다카시는 그의 저서에서 50세 진짜 자신을 위해 살라고 한다.

> 50부터는 인생관을 바꿔야 산다.
>
> — 사이토 다카시

중년이 되어 배우고 익히는 습관을 위해서는 많은 준비 과정이 필요하다. 그중에서 가장 중요한 것은 배움을 얻기까지 자기 스스로 '마음 다지기'를 할 수 있는 내면의 힘을 기르는 것이 중요하다. 나이에 불문하고 배우려는 사람들이 많고, 평생학습이 사회 전반에 활발하게 이루어져 있다. 다양한 학습을 할 수 있는 교육기관이 골고루 분포되어 있고 교육 환경도 잘 만들어져 있다.

교육장, 강의실 등에서 강의하는 선생님들이 악의 없이 습관처럼 던지는 말 한마디, 무심코 지적하는 행동에도 큰 상처를 받고 치유하는 데 오랜 시간이 걸리기도 한다. 강의나 교재 내용이 쉽게 습득되지 않고 수업을 들어도 그 뜻을 이해하기가 어렵기도 하여 때로는 쉽게 배움을 포기하기도 한다. 중년에는 배우려는 의지와 욕구는 있어도 내 몸의 반응과 행동이 따라주지 않는 신체 조건에서 느껴지는 속상함도 크다. 이럴 때 운동을 하거나 건강한 습관으로 몸을 강화하는 것은 곧 마음의 강화로 이어진다. 운동으로 스트레스를 해소하고 가벼운 마음으로 잠들면, 다음날 새로운 마음으로 다시 시작하면서 어제의 상처를 오늘의 디딤돌로 딛고 일어나 다음 걸음으로 나아갈 수 있다.

중년에 배움을 시작하려면 부족했던 오늘 자신의 모습을 기꺼이 받아들이고 내일을 위한 새로운 준비를 할 수 있는 마음가짐과 자신의 생활 습관을 비판적으로 반추하고, 부족하거나 건강하지 않은 부분은 스스로 변화시킬 수 있어야 한다.

인생의 후반기를 준비하는 중년이기에 살아온 날보다 다가오는 여생의 시간을 어떻게 보낼 것인지에 대한 끊임없는 성찰이 필요하다. 자신에게 가장 중요한 것이 무엇이며, 현재 나는 무엇을 할 수 있는지, 할 수 없는데도 하고 싶은 것이 있다면 어떻게 도전할 것인지, 계속 자신에게 질문하고 해답을 찾아가는 방법을 발견할 수 있어야 한다.

문제를 의식하고 자신에게 질문하는 방법으로 주위 환경과 사물을 뚜렷하게 파악하고, 문제의 답과 깊이 생각한 것을 항상 메모하는 습관은 중요하다. 메모는 디지털 도구를 활용하여 메모하거나 그림으로 남기거나 직접 자필로 기록할 수도 있다. 매일 일기를 쓰거나 책을 읽고 독후감 쓰는 습관은 내면을 성찰하며 글을 쓰는 것이기 때문에 자신에 대한 통찰을 끌어내는 중요한 행위이다. 자신의 외적인 면과 내면을 유기적으로 연결하여 지혜로운 삶을 만들어 갈 수 있다.

김혜경(도우너킴) 작가

마음 설레는 운동

 고된 하루를 마치고 서둘러 운동하는 곳으로 향한다. 내가 하는 운동은 에어로빅댄스다. 매일 운동하려고 마음을 먹더라도, 일상의 바쁜 사정으로 결국 일주일에 세 번 정도 운동을 하게 된다. 나이가 들고 삶에 지친 중년에게 운동은 새로운 활력소다. 하루에 주어진 24시간이라는 길고도 짧은 시간 속에 잠시 시간을 내어 운동하는 것은 시간을 소비하는 것이 아니라 오히려 인생의 시간을 늘려주는 느낌이 들어서 좋다.

 운동하는 시간만큼은 모든 걱정과 근심을 내려놓고 몸동작에만 집중한다. 물론 전문 댄서 교육을 받는 것은 아니다.

운동을 위해 춤 동작을 하는 것이기 때문에 춤의 모양이 예쁘지는 않다. 하지만 앞에서 강사가 가르쳐 주는 동작을 따라 해보려고 열심히 팔다리를 뻗는다. 스스로 춤추는 모습을 자세히 본 적은 없지만 우스꽝스러울 것이다. 마치 신장 개업 식당 앞에 서 있는 바람 인형처럼 몸을 흔드는 것 같기도 하다. 함께 운동하는 사람들은 이런 서로의 어설픈 동작들을 재미있어하고 소리 내 웃기도 한다. 음악과 함께 춤을 추는 에어로빅 라인댄스는 상대방과 호흡을 맞춰 함께 움직이는 동작이 많다. 어설프지만 의욕 넘치는 동작으로 상대와 발 박자를 맞출 때면 나의 집중한 표정에 비해 자유분방한 춤 동작을 보면서 크게 웃기도 한다. 멋져 보이지는 않더라도 음악에 맞춰 춤을 추고 다른 사람의 웃음이 가득 담긴 눈빛을 보면 에어로빅댄스가 나의 스트레스 해소에 가장 적합한 운동인 것 같다.

정석헌 작가의 《인생은 살사처럼》이라는 책을 읽으며 공감되는 부분이 많이 있었다. 작가는 책에서 거리를 지나면서도 음악이 들리면 그 음악에 맞추었던 춤이 생각나 걸으며 스텝을 밟아보기도 하고 남들이 모르도록 작게 팔동작도 해보기도 했다고 책에서 글로 표현하였는데 마치 내 얘기 같았다. 길거리나 TV, 라디오, 어디서든 에어로빅댄스에서 춤을 췄던 음악이 흘러나오면 자연스레 몸이 동작을 기억하고, 나도 모르게 작은 율동으로 몸을 들썩이기도 한다.

몸과 마음 모두 많이 힘들었던 시절 우연히 만난 에어로빅댄스 운동은 평생 몸치로 살아온 나에게 스트레스를 해소하는 새롭고 행복한 운동 방법이었다. 삶이 무의미하게 느껴지고 가까운 가족들조차 보이지 않고, 우울감과 고통으로 머리는 지끈지끈 아팠을 때 나를 위로했던 것이 바로 춤이었다. 강사를 따라 춤을 추며 나도 모르게 눈물이 줄줄 흐르고, 때로는 너무나 슬퍼서 목이 메어 주저앉아 엉엉 소리 내 울고 싶었던 때에도 온 힘을 다해 열정적으로 팔다리를 움직이며 슬픔을 승화시켰다. 이제는 힘들고 어려웠던 그때처럼 고통 속을 헤매고 있지는 않지만, 그때의 고마운 마음으로 아직도 열심히 에어로빅댄스에 출석한다.

비록 몇 년 동안 에어로빅댄스로 운동한다고 자랑하고 있지만, 타고난 몸치라서 무대에 서거나 뽐낼 수준은 아니다. 하지만 그저 음악에 맞춰 열심히 땀을 흘리며 춤을 추는 것이 마음의 답답함을 풀어준다. 여러 명이 함께 운동하면서 흥이 날 때는 큰 소리로 노래를 함께 따라 부르면서 움직이면 더욱 즐겁고 행복하다. 최근에는 '키스를 훔쳐보며'라는 노래에 맞춰 새로운 동작을 연습하고 있다. 나이나 직위를 다 내려놓고 모두 한 그룹이 되어 함께 춤을 추고 호흡하는 것은 큰 행복감을 선사한다.

운동의 기쁨은 직접 운동을 해보지 않고서는 느낄 수 없다. 운동을 통해 스트레스가 해소되며 몸을 움직이면서 느끼는 쾌감과 행복감을 모든 중년에게 적극적으로 전하고 싶다. 나에게는 맞는 운동은 에어로빅댄스였지만, 모두 각자 자신들에게 맞는 그 어떤 운동이라도 삶에 새로운 활력소가 될 수 있다. 중년이 되어 꼭 해야 하는 일 중 하나로 본인에게 맞는 색다른 운동을 찾아보기를 반드시 추천한다.

김혜경(도우너킴) 작가

독서와 글쓰기

책이 귀했던 어린 시절부터 글을 읽는 것에 흥미가 많았다. 벽지가 흔하지 않았던 시대에 벽을 바르는 종이를 신문지로 붙여서 살았었다. 벽지가 신문지였던 시절에는 벽에 붙은 신문지 글을 다 읽어야 자리에서 일어났던 기억이 난다. 글 읽기를 좋아해서 시간이 날 때마다 책을 많이 읽었고, 어린 시절 꿈이 멋지고 훌륭한 작가가 되고 싶다는 꿈을 꾸었었다. 그러나 성인이 되고, 회사에 취직하여 일하면서 작가가 되겠다는 꿈은 자연스럽게 잊게 되었다.

결혼을 하여 가정을 꾸리고 아이를 낳고 편안한 삶을 살

다가 IMF라는 국가위기는 커다란 개인의 위기로 다가왔다. 사업을 하던 남편은 은행 이자를 감당하지 못해 은행에 집을 빼앗겼다. 빨간 장미꽃 나무가 담장 밖으로 넝쿨이 뻗어서 예쁜 꽃이 피어나고 집 앞을 지나는 사람들에게 미소를 짓게 하였던 아름답고 멋있는 이층집은 은행에 통째로 넘겨줘야 했다. 그때부터 앞만 보고 열심히 일하면서 살았다. 중년이 되어 그동안 살아온 삶을 돌아보면 누구에게나 사연이 가득하겠지만, 눈물 한 바가지 흘려야 했던 나의 삶도 힘들고 어려운 시간을 견디는 고통의 삶을 살아야 했다. 자식을 기르고, 학교 보내고, 가정을 지켜야 한다는 일념 하나로 오직 살아내는 것에 집중하며 살았다. 문화생활을 하거나 독서를 하는 것은 일상에서 멀어지고, 여유시간에는 TV로 드라마를 보며 무료하게 시간을 보냈고, 자신을 살피거나 돌보는 일은 전혀 생각하지 않았다.

어느새 중년이 되어 지난 시간을 되돌아보니 너무나 많은 시간을 허무하게 흘려보냈다는 생각이 들어 허탈한 감정뿐이었다. 회사에 매일 출근하고 생계 수단이었던 직장에서 오로지 일에만 집중하는 나와는 다르게 항상 시간만 있으면 책을 읽던 동료 직원이 어느 날 우연하게도 독서와 관련된 오픈 카톡방을 소개해 주었다. 그곳에서 중년의 나이에 책을 출간한 윤주은 작가를 알게 되었고 《마음의 안부를 묻는 시간》이라는 책을 처음 만났다. 온라인 강연으로 작가의 삶에 대한 강연을 듣게 되었는데, 작가가 살아온 여정에 감동하여 서평단 신청을 했다. 하지만 서평단을 어떻게 하는 것인지 알지 못한 채 무작정 신청부터 했었다. 그러고는 신청한 것도 잊고 우선 서점에 가서 책을 사서 읽어야겠다고 막연히 생각만 하고 있었는데 어느 날 휴대폰에 모르는 번호로 전화벨이 울렸다. 전화기 너머로 들리는 부산 사투리에 깜짝 놀랐다. 정신을 차리고 이야기를 들어보니 서평단 신청하고 왜 주소를 알려주지 않았느냐 하면서 작가님은 다짜고짜 내 주소를 먼저 물어보았다. 서평단 신청을 하였으니 주소지로 책을 보내주겠다는 말이었다. 그전까지 난 서평단은 그냥 책을 읽고 감상을 쓰는 것이라고 막연히 생각만 하고 있었는데, 뜻밖의 전화에 감사함을 느끼며 주소를 불러드렸고, 며칠 후 책이 도착했다. 책을 보내준 것도 감사하지만, 책 내용 자체에 감동해 그 책을 여러 번 반복해 읽으며 책 속에서 소개해준 다른 책들까지 찾아서 읽어보게 되었다.

책 《마음의 안부를 묻는 시간》은 윤주은 작가님이 '디다봐 학교'의 장으로서 수많은 사람들과 상담 치료를 하면서 사람들 마음의 병이 결국 일어나지도 않은 일을 염려하는 것부터 시작된다는 내용이었다. 이 책은 불안으로부터 자신을 지켜내는 방법으로 '까 봐 카드'를 제안한다. 그동안 살아오면서 일어나지 않을 일들을 생각이 먼저 앞서서 염려하는 생각을 전환하는 책이다. '예의 없다 할까 봐', '재수 없다 할까 봐', '쓸모없을까 봐', '완수하지 못할까 봐', '남보다 못할까 봐' 등 수많은 '까 봐'로 인하여 우리는 앞으로 나아가는 길에 주저하고 결국은 마음의 병까지 얻어진다는 책의 내용은 바로 나의 이야기를 하는 것 같았다.

그 후 《마음의 안부를 묻는 시간》의 북토크가 있다는 공지를 확인하고 참여를 신청했다. 북토크를 위해 집에서 문을 열고 밖을 나서는 순간부터 가슴이 떨려왔다. 작가님을 만나면 어떤 말을 해야 할지, 설레고 긴장되어 지하철을 타고 가면서도 책을 다시 읽어보면서 마음을 진정시켰다. 그러나 정작 북토크에 참여해서는 작가님께 나를 제대로 소개하지도 못하고 인사만 하는 행동이 너무 어색하고 부족하게 느껴졌다. 북토크 현장에서 추가로 책을 구매하여 바쁘고 힘들게 살아가는 동생에게 선물할 것이라고 말하고 저자 사인을 받았다. 팬이라고 말하면서 맛있는 식사를 함께하고 싶다고 생각했는데, 현장에는 작가님의 가족과 지인들이 많아서 말도 꺼내보지 못하고 조용히 강연장을 빠져나왔다.

북토크의 여운이 남아서 집에 바로 가기엔 아쉬운 마음이 가득하여 카페에서 커피 한 잔을 시키고 생애 첫 북토크를 참가하고 느꼈던 여러 가지를 생각해 보았다. 북토크, 이런 자리를 지금에서야 알았다는 사실이 부끄러웠다. 처음 참여하는 북토크가 좋은 경험이었다고, 괜찮았다고 스스로 다독이며 나를 다스렸다. 앞으로는 뭐든 상상만 하지 말고 직접 행동하리라 다짐하며, 쓴 커피 한 잔으로 마음속에 일어나고 있는 감정들을 정리하였다.

중년이 되어 책을 읽다 보면 청소년기에 읽었던 똑같은 책, 같은 내용이지만 책을 읽는 때가 언제 읽었는지 읽는 시기에 따라 감흥이 다르게 일어난다. 젊은 시절과 세월의 온갖 고뇌를 경험한 중년에 책을 읽고 느끼는 감정은 완전히 다르다. 책을 읽고 문장을 골라 나만의 감성으로 문장을 다시 만들어 내는 문장 쓰기 공부를 시작하였다. 좋은 문장은 사람을 감동하게 한다. 어떤 문장은 가슴속에 묻어두었던 심성을 건드려서 눈물이 흐르게 하여 감정을 돌아보게 한다. 어떤 문장은 여러 번 읽어보며 깊은 생각에 빠지게 하기도 한다.

중년에 시작하는 책 읽기와 글쓰기는 소중하다. 예전에도 책을 읽었고 책에서 읽었던 문장들과 책 속에 있는 지혜가 중년에 이르기까지의 삶에 많은 도움을 주었겠지만, 인생 경험을 쌓은 중년 이후 읽는 책은 더 새롭고 다채롭게 다가온다.

인생이라는 항해를 하면서 그동안 겪어왔던, 그리고 앞으로 다가올 수많은 마음의 출렁임을 잠재우는 도구로 책은 최고의 나침반이 되어 나를 인도할 것이다. 삶이란 매일 나 자신을 발견하는 일이다. 책을 읽고 글을 쓰며 나의 자아를 깨우는 습관이 조금씩 모여 더 나은 나를 만들어 준다. 하루하루가 모여서 인생이 만들어지듯 매일 하는 글쓰기와 독서는 남은 인생의 동력이 되어 중년 이후 삶을 이겨낼 수 있도록 힘과 위로를 줄 것이다.

김혜경(도우너킴) 작가

아버지와 밤나무꽃 향기

초목이 우거지고 산과 공원의 나무들에 꽃송이가 가득 여물기 시작한다. 5월의 상큼하고 싱그러운 아카시아 향기가 가득한 시기를 지나 6월이 되면, 쿰쿰하게 코끝에 머무는 밤꽃 특유의 향이 나무 사이에 감돈다. 밤나무꽃은 특유의 향도 독특하고 생김새도 그다지 예쁘지는 않다. 흰 털로 만든 제기차기 놀이용 제기가 나무에 가득 걸려 있는 모습이다. 하얗고 긴 밤나무꽃 꼬리들을 꽃차례라고 부르는데, 만지면 부드러운 털 같은 느낌이 든다. 이렇게 부드러운 꽃에서 어떻게 단단한 가시가 박힌 밤송이가 되는 건지, 그 원리를 잘 모르는 나로서는 그저 신기할 뿐이다. 예쁘지도 않고 향긋하지도 않은 이 흰 꽃차례**들이 가지마다 주렁주렁 열려 있는 것을 보게 되면 내겐 아버지 기일이 가까워졌다는 뜻이다. 선산에 아버지를 모셨던 그날도 선산에 밤꽃이 풍성하게 만개해 있었다. 매년 유월의 밤꽃을 보면 아버지가 그리워 눈물이 난다.

아버지는 살아생전에 주위에서 한량이라는 말을 많이 듣고 사셨다. 내 기억에도 아버지는 항상 기분파셨고, 술 마시고 노름하기 좋아하여 주위에 항상 친구들이 많았다. 그러나 이 즉흥적인 성격 때문에 집 세 채 정도를 날려 엄마를 힘들게 하셨고, 자식들을 돌보는 일에는 뒷전이었다. 이 때문에 아버지가 살아 계셨을 때는 나는 대단한 효녀도 아니었고, 오히려 아버지를 원망하는 마음을 가슴 한구석에 두고 자랐다. 특히 예민한 감수성의 청소년 시절 더욱 그랬다. 자라면서 집안에는 항상 돈이 없었다. 내가 중학교에 가면서부터는 등록금을 내야 했는데, 가난해서 등록금을 제때 내지 못하여 수업시간에 교실 맨 뒤에 손들고 서 있는 벌을 받으면서 수업을 들을 때도 있었다.

** 【명사】[식] 꽃이 줄기나 가지에 붙어 있는 상태. 화서(花序).

같은 학급에 있는 50명 정도의 학생들은 각자 자신의 책상에서 책을 보고 공부하고 있는데, 혼자 교실 뒤에 손들고 서 있으면서 책도 보지 못하고 손을 들고 있었던 일은 벌 받는 학생에게는 잔인한 형벌이었다. 가정 형편 때문에 등록금을 준비하지 못한 것이 학생의 죄는 아니었는데, 왜 선생님은 어린 학생에게 그런 치욕스러운 벌을 주었는지 지금도 이해되지 않는다. 어린 마음에 상처를 받고 아버지와 서먹하게 지냈다. 비슷한 환경에서 자랐던 동생들도 마찬가지였을 것이다. 우리 형제자매들은 아버지를 부를 때 늘 '아버지'라고 불렀으나 당신께서는 늘 스스로 '아빠'라고 자칭하시며 자식들에게 말할 때 "아빠가~"라고 운을 떼며 말씀하셨던 기억이 있다. 고등학교를 졸업하고 독립해서 서울로 올라온 이후에는 아버지와 이렇다 할 추억이 별로 없다.

시간이 흘러 연세가 70세가 되신 아버지는 위암을 선고받고, 지병 때문에 수술도 불가능하다는 의사의 소견으로 3개월 시한부를 선고받았다. 정말 힘들게 투병하다가 돌아가셨다. 어색한 관계였다고 생각했는데, 떠난 사람에 대한 그리움은 시간이 흐를수록 짙어진다. 친밀하게 지내지 않았고 쌓인 추억이 많지 않았기 때문에 아버지를 잃은 슬픔은 더 컸던 것 같다. 아버지가 돌아가신 후 몇 년 동안은 비슷한 뒷모습을 가진 어르신의 모습만 보아도 눈물이 났다.

아버지와 함께했던 시간이 많지 않았지만 아버지와 함께한 추억 중에서 생생하게 기억나는 장면이 있다.

돌아가시기 10여 년 전 회사에서 받은 쿠폰으로 부모님을 모시고 변산반도 콘도에 여행을 떠났을 때의 일이다. 부모님과 콘도에 짐을 풀고 산책을 하다가 해변에 거리공연 무대를 보게 되었다. 관광지 거리공연이라면 흔히 생각할 수 있는 풍경으로, 아마추어 밴드가 라이브 무대를 꾸미고 휴양지에 놀러 온 관광객들은 놀러 온 기분으로 즐겁게 노래를 감상하고 있었다. 그러나 평소에 흥이 많으셨던 아버지는 무대에 오르는 것을 원하셨다. 아버지는 무대 연주자들에게 한 곡만 불러도 되냐고 물어보셨고, 연주자들은 흔쾌히 이를 받아들였다. 그리고 아버지가 요청한 곡에 맞춰 반주를 깔아주었다. 그러나 한 곡만 부르신다던 아버지는 흥이 올라 목청을 높여 노래를 한 곡 더, 한 곡 더 부르셨다. 타고난 목청이 워낙 좋으신 데다가 평생 노랫가락으로 다듬었던 소리라서 해안가 암석 틈 사이에 스며들었고, 먼바다 끝까지 아버지의 노래가 울려 퍼졌다.

아버지의 노래에 지나가던 관광객들이 더 많이 모여들어

다 함께 노래를 따라 불렀고, 노래가 한 곡 끝날 때마다 끊임없는 박수갈채가 터져 나왔다. 흔한 휴양지 거리공연은 어느새 아빠의 단독 콘서트가 되었고, 밴드는 계속 아버지의 노래에 맞게 연주해 주었다. 화려하게 꾸며진 무대장치도 없고 방송국 촬영도 없었지만, 아버지는 그 순간 무대에서 가장 화려한 진짜 가수였다. 사실 아버지는 젊은 시절 판소리를 배우고 싶으셨다고 한다. 그러나 할아버지의 "딴따라는 안 된다."라는 완강한 반대로 꿈이 좌절되었다. 하지만 대신 늘 세상을 노래하고 춤추듯 살아가면서 한량으로 멋진 일평생을 사셨다. 지금처럼 녹음이나 촬영이 쉬운 시절이 아니다 보니, 그 바닷가에서의 단독 콘서트가 기록으로 남아 있지는 않다. 아버지의 그 목소리, 그 노래를 다시는 들을 수 없고 볼 수도 없어 그때의 추억이 떠오를 때면 늘 아련하고 아쉽다. 하지만 밤나무꽃 향기를 타고 변산 바닷가를 떠올리면 내 마음속에서 아버지의 노래가 울려 퍼진다. 아쉽게 소리꾼이 되지 못한 아버지를 생각해 보면 배우고 싶은 것을 못 배우고, 이루고 싶은 꿈을 포기해야 하는 것이 마치 나 자신을 보는 것 같았다.

누구나 하고 싶은 꿈을 이루려면 가족들과 주변에서 적극적인 지원이 필요하다. 그러나 나의 어려웠던 가정 형편과 일을 해야 하는 사회 환경으로 꿈을 이루는 것은 생각하지 못하였다. 꿈을 포기하고, 가족과 동생들을 보살피기 위하여 배우고 싶은 것도 참고 학업을 중도에 포기하였다. 일터에서는 업무에 집중하고 집에서는 가정에 충실하며 주어진 삶을 버텨내고 살아왔다. 시간이 흘러 나도 어느새 아버지 나이에 가까워진 중년이 된 지금, 뽀얗게 먼지 쌓인 젊은 시절의 꿈을 더듬어 보고 하얗게 지워진 꿈을 생각해 본다.

지금까지 살아오면서 얼마나 많은 꿈을 꾸었던가. 많은 꿈이 있었다는 존재조차 잊어버리고 살았다. 좋은 사원, 좋은 엄마, 좋은 아내가 되기 위해 지워버린 꿈들이 아쉽기만 하다. 젊은 시절에는 살기에 바빠서 꿈이 생겨도 상상만 하고 숨기며 살았다. 중년이 된 지금은 심적, 금전적 여유를 가지고 다시 하고 싶은 일에 도전해 보려고 해도 학습 능력이나 체력이 따라주지 않는다. 성취가 더디고 너무 늦었다는 생각이 들 때면 포기하고 싶을 때도 있다. 하지만 중년은 살아온 경험과 지혜가 젊은 사람들보다 많이 축적된 나이이다. 100세 시대가 된 지금, 앞으로의 시간을 자신이 가장 좋아하는 일에 주저하거나 멈추지 않고 계속한다면 늦게라도 꿈을 반드시 이룰 수 있다고 믿는다. 중년에 접어드는 모두에게 알려주고 싶다. 중년에 새롭게 시작하는 인생의 막을 올리기 위해 잊었던 꿈들을 다시 떠올리거나 새로운 꿈을 찾아 끊임없이 발을 움직여서 주저하거나 멈추지 않게 즐겁고 신나는 꿈을 향해 살아가기를 기원한다.

김혜경(도우너킴) 작가

인연으로 맺어진
소중한 사람들

중년의 나이가 되기까지 오로지 힘든 삶을 잘 살아내기 위해 앞만 보고 달려왔다. 하지만 예순이 되어 돌아보니 내게 살아가는 방향을 잡을 수 있도록 많은 사람이 위로와 응원, 선한 영향력을 주었기 때문에 내가 지금 이 자리에 있을 수 있었던 것 같다. 가족을 비롯한 소중한 사람들이 감사하게도 내 삶의 여정에 정말 많이 있었다.

먼저 가족은 정말 무한한 사랑이다. 평생 자신을 희생하시며 땀방울로 자식을 키워주신 나의 어머니부터 중년에 접어든 엄마를 잘 챙겨주고 도와주는 기특한 나의 딸까지 늘 고 마음을 느끼며 살아간다. 가족은 계산적으로 재고 따지지 않고, 부족한 점을 조금씩 배려하며 서로 의지하는 것이다. 매일 고맙고 사랑한다고 말하지 않아도 가슴 한구석에 늘 의지할 곳, 힘을 얻을 보금자리로 남아 있는 것이 가족이다. 딸과 함께 멋진 오마카세 식당에 가거나 아름다운 꽃 축제에 놀러 가는 것도 행복한 일이지만, 다섯 아이를 배불리 먹이려고 밀가루 반죽을 두껍게 떼어 큰 솥에 투박하게 끓여주던 어머니의 수제비도 행복이었다. 가족과 함께할 수 있는 어떤 공간도 사랑이 가득하다면 행복한 공간이다.

혈연으로 맺어진 가족뿐 아니라 살아오면서 우연한 인연으로 만났던 소중한 사람들은 모두 나의 행복이 되어주었다. 그중에서 두 분 정도를 적어본다면 먼저 지금은 고인이 되신 법도 스님이다. 스님 살아 계실 때 수많은 가르침을 주셨으나 그 말씀들이 인생에 얼마나 소중한 것인지 그때는 알지 못했으나 지금은 많은 깨달음을 얻고 있다. 최근 만난 인연으로는 '책과강연'의 이정훈 대표이다. 나 자신의 글쓰기에 대한 욕구에 싹을 틔워주신 분이다. 인생에서 이런 인연들을 만날 수 있었음에 감사한다. 만남이란 자신의 의지로 이루어질 수도 있지만, 대부분 여러 우연이 겹쳐 만들어지는 것이 인연이다. "인연은 하늘이 맺어준다."라는 말이 있듯이 우리는 그동안 운명적으로 많은 사람과 연결 고리를 만들어 왔고, 예측하지 않았던 많은 사람과 연결되면서 필연적 만남이 계속될 때 살아가는 의미를 다시 찾게 된다.

하루 24시간 동안 다른 사람과 교류하는 시간은 내 존재가 살아 있음을 증명하는 소중한 시간이다. 직업적인 특징으로 매일 다른 사람들을 만나 업무를 하는 경우를 제외하고는, 사실 대부분 매일 만나는 사람들은 정해져 있다. 가족과 만나는 것과 운동하러 갔을 때 만나는 사람들이다. 몸을 건강하게 하기 위한 목적으로도 운동을 나가지만, 한편으로는 운동의 즐거움과 건강한 기분을 함께 공유하고 웃을 수 있는 만남이 있기에 더 신나게 운동장으로 달려가는 것이다. 운동을 함께하는 친구들과 만나 일상을 공유하고 맛있는 음식은 함께 나누어 먹으며 웃음꽃이 피느라 운동이 힘든 줄도 모른다.

사춘기 소녀들끼리는 떨어지는 나뭇잎만 보아도 웃음이 나온다는 말이 있다. 하지만 이미 중년이 된 어른들도 서로 마음이 통하고 편안한 관계가 이루어지면 말만 해도 소녀처럼 웃음이 나온다. 소중한 사람들에게 진심을 느끼고, 그 진심에서 감동과 위로를 받았을 때 살아갈 힘을 얻게 된다. 나의 소중한 인연들에 진심으로 고맙다는 말을 얼마나 하고 살았는지 되돌아본다.

 베풀 수 있다는 것은 축복이다. 금전적인 것도 베풂이지만, 진실한 마음을 나누는 것도 마찬가지이다. 예를 들어 책을 읽고 글을 쓰는 것도 즐겁지만, 그 글을 블로그에 올려 내 느낌을 다른 사람들에게 공유하는 것에는 또 다른 기쁨이 있다. 또 여러 북토크에 가서 작가님이나 다른 독자들과 책에 대한 진심 어린 감상을 공유하고 감동을 나누면 책이 가져다주는 선물이 무엇인지 깨닫게 된다.

 사람들과 긍정적 영향을 주고받는 것은 나의 힘이 되는 동시에 다른 사람에게도 에너지가 된다. 베풀어야 더 크게 돌아온다는 것을 깨닫지 못하고 어리석은 행동과 말을 하면서 오히려 상대에게 바라기만 하면서 중년이 되었다면 지금이라도 그 습관을 없애야 한다. 관계의 소중함을 느끼고 나를 살아가게 하는 인연들에 항상 감사하는 마음을 말과 행동으로 즉시 보여주는 습관이 필요하다. 바쁘다는 핑계로, 가족이니까, 친구니까, 당연하다고 여기며 살아왔던 것 같다. 하지만 누군가에게 긍정적인 말이나 감사를 표현하는 것은 아주 작은 일이라도 큰 영향을 줄 수 있다. "당신을 보면 힘이 나요.", "웃는 모습을 보니 저도 기분이 좋아요." 등 간단한 말 한마디부터 행동으로 실질적인 도움을 주는 일까지 다른 사람에게 선한 영향을 주는 방법은 다양하다. 나비 날갯짓 한 번과 같은 작은 선한 마음이 누군가에게는 큰 행복이 되어 돌아갈 수 있다. 내가 어떤 부분에서 감사했는지 늘 성찰하고, 상대에게 감사한 마음을 잃지 말아야 한다.

어린아이의 마음을 가지고 모든 것을 다 수용하는 심장을 가지고 있다는 심리 테스트의 결과가 나왔었다. 이런 사람들은 힘들고 어려울 때는 자신을 괴롭히고 혼자만의 공간에 숨는다고 한다. 정말로 고민이 많을 때는 혼자 고민의 늪에 빠지는 날이 많았다. 그러나 혼자 잡념에 빠져 있다 보면 정말 중요한 것을 발견하지 못한다는 것을 알았다. 눈앞의 걱정이나 두려움에 눈이 멀면 멀리 환하게 펼쳐질 내일이 보이지 않는다. 멀리 보지 못하면 길을 잃게 된다. 이때, 사랑하는 사람들과 의논하고, 응원의 말을 듣는 것이 작은 빛이 될 수 있다. 나뿐 아니라 길을 잃은 모두에게는 이런 작은 빛 하나가 필요하다. 작은 빛으로 죽어가는 사람을 살릴 수도 있고, 작은 빛이 모여 환하게 길을 비추는 태양이 될 수도 있다.

중년이 된 지금 여기까지 오는 데 도움을 주었던 수많은 따스한 빛들을 생각한다.

인연으로 맺어진 소중한 사람들에게 베풂을 받으며 살아온 만큼, 나의 온기를 사람들에게 나누어 주고 곁에 있는 소중한 인연들에게 감사하는 마음으로 이 글을 올립니다.

참고 문헌

김훈, 《허송세월》, 나남, 2024

이정훈, 《10권을 읽고 1000권의 효과를 얻는 책 읽기 기술》, 비엠케이, 2017

류시화, 《꽃샘바람에 흔들린다면 너는 꽃》, 수오서재, 2022

정석헌, 《인생은 살사처럼》, 샘터, 2024

윤주은, 《마음의 안부를 묻는 시간》, 문예춘추사, 2024

사이토 다카시, 《50부터는 인생관을 바꿔야 산다》, (주)센시오, 2019

30년 주부가 변신 중입니다.

숲해설가,
생태공예연구가,
에세이 작가

저서
《숲이 내게 걸어온 말들》, 설렘(2024)
- 2024년 한국출판문화산업진흥원 오디오북 제작 지원 사업 선정작
《나의 중년은 청춘보다 아름답다》, 바른북스(2025)

강연
숲체험, 숲해설
스토리텔링 생태공예프로그램
한글

그 외
2017년 6월 KBS 대구방송국 〈아침마당〉 출연
2024년 가방끈 좀 길어진 해, 평생교육사 자격증 취득
2024년 인문학향기충전소에서 활동 시작

SNS
https://blog.naver.com/g7hii
https://brunch.co.kr/@c63eebf80d7b4fe

살아 있는 것은 모두 반짝입니다

내 속의 현자가 들려준 삶 이야기

최정희(할수) 작가

차례

지금의 당신이 더 능력이 있다
고속도로에 진입 중인 자동차
생을 걸고 사랑하고픈 타자를 만나는 법
매력적인 타자를 만나다
변덕쟁이로 살아가리라
겁먹은 눈으로 산 높이를 재지 마라
잘못 놓인 벽돌과 따뜻한 벽돌
헤세의 다정한 목소리를 들려드립니다

최정희(할수) 작가

지금의 당신이
더 능력이 있다

　사람들은 중년에 접어들면 새로운 일을 시작하지 않으려는 경향이 있다. 내가 보기엔 뭐든 시작하기에 딱 좋은 나이인데, 본인들이 새로운 일을 시작하기엔 나이가 많다고 여겨서다. 이럴 때 읽으면 좋은 시 하나 소개한다.

나무학교

　　　　　　문정희

　나이에 관한 한 나무에게 배우기로 했다
　해마다 어김없이 늘어가는 나이

너무 쉬운 더하기는 그만두고
나무처럼 속에다 새기기로 했다

(중략)

무엇보다 내년에 더욱 울창해지기로 했다

　시인이 말하는 너무 쉬운 더하기는 무얼까? 나무처럼 속에다 새기는 작업은 어떤 일일까? 너무 쉬운 더하기는 지나간 삶을 후회하는 것일 테다. 나무처럼 속에다 새기는 일은 삶에서 일어난 일을 좋은 일과 좋지 않은 일로 구분하기보다 성장하기 위한 디딤돌로 삼는 것이겠다.

　가뭄이나 장마 혹은 추위와 더위를 겪으면서 오랫동안 살아온 나무의 나이테는 구불구불 굴곡이 많다. 나이가 많은 사람도 굴곡이 많을 것이다. 평탄한 삶을 살아왔더라도 오래 살다 보면 자식이나 손자녀를 앞서 보내는 일을 겪을 수 있으니까. 살다 보면 좋은 일 혹은 슬픈 일, 견디기 어려운 고통을 겪지 않을 수 없다. 힘든 일을 겪었다고 한탄한들 혹은 잘못한 일이 있었다고 후회한들 지나간 일을 바꿀 수 없다.

문정희 시인처럼 나무처럼 속에다 새기기로 하고 내년에 더욱 울창해지기로 한 사람이라면, 풀기 어렵고 견디기 힘든 일을 겪은 후 마음이 어느 정도 단단해져 있을 것이다. 반짝반짝 살아가고 있을 것이다.

계곡이 얕고 완만한 능선의 산은 울창해진다 해도 얼마나 울창해질 수 있겠는가. 산이 울창해지려면 구불구불 굴곡이 많은 능선과 깊은 계곡이 있어야 한다. 사람도 굴곡이 많고 사연이 많으면 더 울창해질 수 있다. 이들의 가슴 속 능선과 계곡에 쌓여 있던 슬픔이란 낙엽과 낙담과 비통함이란 나뭇가지들이 발효되어 기름지게 되었기 때문이다. 울창해지기로 맘먹는다면 원시림처럼 울창해질 수 있는 자들이 이들이다.

청년은 대부분 무얼 하든 경험이란 밑천 없이 시작해야 한다. 청년과 달리 이미 한밑천 장만해 놓은 자들이 바로 중년의 사람이다. 경험이란 밑천과 젊음이란 밑천과 시간이란 밑천까지 충분한 이들이 머뭇거릴 이유가 있겠는가. 아무것도 하지 않고 울창해질 수 있겠는가. 하고 싶은 일인데 시작하기를 망설인다면, 자신감이 없어서인지 별로 하고 싶지 않은 일인지 알아보아야 한다. 머뭇거리는 이유가 어느 것이든, 하지 않으면 후회할 것이다.

굴곡 많은 삶은 어떤 이에게는 대출금이 되고 어떤 사람에겐 밑천이 된다. 이는 마음의 문제다. 대출금이라 생각하는 사람은 원금은 고사하고 이자를 갚느라 허덕이게 될 것이다. 굴곡진 삶을 밑천이라고 생각하는 사람은 일을 펼쳐나갈 것이다. 어떤 일을 하면서 그 일을 통해 배우고 성장하는 것을 성공이라 한다면, 일을 새롭게 펼쳐나가는 사람은 이미 성공한 사람이 아니겠나. 자신이 지나간 삶을 대출금이라 여기는지 밑천이라 여기는지 생각해 보면 좋겠다.

20대의 삶은 시속 20km이고 50대의 삶은 시속 50km라는 말이 있다. 20대와 50대가 같은 선상에서 출발한다면 50대가 목적지에 먼저 도착할 것이다. 시속 10km의 삶밖에 경험하지 못한 20대가 어떻게 시속 20km로 달린 적도 있고 또 시속 30km와 시속 40km로 달린 경험이 있는 자보다 더 잘 달릴 수 있겠는가. 실패에 대한 두려움을 숨기려고 나이 탓을 하지 않았는지 자신을 돌아볼 일이다. 삶의 준비운동을 막 끝낸 중년 당신, 시작하라. 시속 40km로 가든 시속 50km로 가든 지금 당신이 20대의 당신보다 더 능력이 있으니까.

최정희(할수) 작가

고속도로에
진입 중인 자동차

중년의 위로를 주제로 글을 쓰고 있다. 인문학향기충전소 커뮤니티에서 이 주제로 공동 집필을 하자는 의견이 있었다. 앞뒤 재보지도 않고 덜컥 참여하겠다고 했다. 글을 제출해야 하는 날이 열흘 정도뿐인데 한 페이지도 못 쓰고 있다.

작가들은 대부분 중년인데 나는 노년이라 대체 무엇을 어떻게 써야 할지도 모르겠고 또 자신을 돌아보는 게 힘들어서다. 자신을 돌아보지 않고 어떻게 다른 사람들에게 위로가 될 진정성 있는 글을 쓸 수 있겠는가.

나의 중년을 한마디로 표현하면 '홍수로 불어난 강물에 휩쓸려 떠내려가는 여린 나뭇가지'이다. 어찌어찌 강가에 도착하고 보니 한창이던 시절 다 지나간 노년이었다. 중년이라면 그동안 쌓은 경험도 있고 몸도 활기차고 젊은데 뭘 못 하겠는가.

중년의 사람에게 줄 첫 번째 위로는 이들은 모두 시간 부자라는 것이다. 중년이란 나무는 이쪽으로 뿌리를 내려보고 여의치 않으면 저쪽으로 뿌리를 내려볼 수 있는 시간을 넉넉하게 가진 자다. 내가 강가에 도착한 때는 인생의 겨울이 시작될 무렵이었다. 지치고 상처가 많은 여린 가지는 따뜻한 봄날에도 뿌리를 내리기 쉽지 않다. 죽을힘을 짜내도 잎을 몇 장 낼 수 있으면 운이 좋은 거다. 꽃을 피우고 열매를 맺는 것은 불가능에 가깝다.

누군가가 밥이 없어 못 먹는다고 했을 때, "라면이나 빵을 먹으면 되지."라고 말하는 사람은 밥이 없다는 것이 어떤 상태인지 모른다. 밥이 없다는 것은 밥과 라면과 빵은 물론 생활에 꼭 필요한 것이 모두 없다는 말인데.

중년은 무엇을 시작해도 시간이 모자라 중도에 하차하게

되는 나와 같은 노년의 사람들, 즉 밥마저 없는 사람의 처지를 알기 쉽지 않다. 중년은 시간의 밥도 있고 시간의 라면과 시간의 멋진 장신구를 다 가졌기 때문이다.

삶의 변화를 시도하는 중년이라면, 이미 강가에 닿은 사람이다. 급류에 떠내려올 때는 살아남는 것에 급급하여 변화라는 것은 꿈속에서도 꿀 수 없다. 이들에게 위로가 아니라 강가에 와 닿은 것을 축하를 해주고 싶다. 미래가 변화하기 시작했으므로.

강가에 도착했지만 정신을 차릴 때까지 시간이 좀 걸릴 수도 있다. 중년인 당신, 조급해하지 않아도 된다. 시간 재벌이니까. 재벌이 그냥 재벌인가! 갖고 싶은 것을 사도 사도 돈이 마르지 않고 돈이 산더미처럼 쌓여 있는 사람을 재벌이라고 하지 않나! 나와 달리 시간을 쓰고, 쓰고 또 써도 중년의 시간은 다 마르지 않는다. 원하는 것을 하는 데 시간을 아무리 사용해도 중년에겐 시간이 필요한 만큼 쌓여 있다.

시간을, 한 번밖에 쓸 수 없는 귀중한 것이라고 해서 아껴두는가. 비누는 쓰지 않으면 그대로 있지만, 시간은 쓰든, 쓰지 않든 입김처럼 사라진다. 시간을 담을 용기가 세상에 있다면 냉동고에 꽝꽝 얼려두었다가 필요할 때 꺼내 쓸 수 있겠지만, 세상에 그런 용기는 없다. 그러니까 아껴둘 필요가 있겠는가.

중년은 막 IC를 지나 고속도로에 진입하는 자동차다. 고속도로 사용 정산표를 뽑기 위해 잠시 멈추는 자동차일 수도 있고 속도를 줄이면서 하이패스를 지나가는 자동차일 수도 있다. 고속도로가 눈앞에 펼쳐져 있는데, 잠시 멈추면 어떻고 속도를 줄이면 어떤가. 눈 한번 감았다 뜨면 고속도로를 달리고 있을 터인데. 시간이란 기름이 가득 든 자동찬데, 어디까지인들 못 가겠나.

최정희(할수) 작가

생을 걸고 사랑하고픈
타자를 만나는 법

> 미래를 어떻게 바꿀 수 있을까? 답은 간명하다. 사랑하면 된다. 허황된 주체 의식을 내려놓고, 기쁜 마음으로 노예를 자처할 만큼 매력적인 타자를 만나 뜨겁게 사랑하면 된다. 그 사랑의 크기만큼 미래는 바뀐다.
>
> – 《틈을 내는 철학책》, 황진규

이 글을 읽어 내려가는데 가슴이 뭉클하다. 글썽, 눈물이 솟아 눈 안에 가득 고였다가 흘러내린다. 지금이 갈망하던 미래인데, 원하던 미래를 살고 있지 못하기 때문이다. 아등바등 살아왔지만, 타자를 뜨겁게 사랑한 적이 없다. 마음이

에인다. 주변에 뜨겁게 사랑하고 싶은 멋진 타자가 없었다고 변명할 수 없다. 타자를 만나기 위해 두드린 문이 몇 개나 된다고 자신 있게 말할 수 없기 때문이다. 오랫동안 온 힘을 다해 두드렸다고도 말할 수 없기 때문이다.

황진규 작가는 소심한 월급쟁이로 우유부단하게 살며 미래에도 늘 돈을 걱정하며 살 수밖에 없으리라 생각했다. 근데 직장을 그만두고 글을 쓰며 살 만큼 단호하고 대범한 사람이 되었다고 한다. 이렇게 살 수 있게 된 것은 자발적으로 종속될 수밖에 없는 매력적인 타자들을 만났기 때문이라고 한다. 그가 만난 타자는 책 속의 스피노자, 니체, 마르크스, 라캉, 레비나스 같은 철학자들로 현재 살아 있는 사람이 아니다.

"미래는 바꿀 수 있다. 오직 타자를 통해서."라고 레비나스가 말했다. 이는 미래를 바꾸려면 다른 사람이 필요하다는 말이다. 사람은 예고 없이 자연에 내던져진 존재니까. 왜 우리가 있게 되었는지 따지기보단 그냥 "내가 있다."에서 시작해야 할 것 같다. 지금 우리가 여기 있는 까닭은 우리를 자연에 투척한 존재, 부모라는 사람들로 인해서고, 그 부모를 만났기 때문에 그 형제를 만나고 그 학교에 가서 그 선생님을 만나서 그 책을 읽고 그 영화를 보고 그 친구를 만나서 지금의 우리가 된 것이라 한다.

우리는 부모를 고를 수도 없었고 학교와 친구와 선생님을 자유롭게 선택할 수도 없었다. 그런데 그런 것들이 모여서 지금의 우리가 된 것이다. 지금의 우리가 마음에 든다면 도리어 이상하지 않겠나. 마음에 들지 않는 나를 발견하고 바꾸고 싶은 마음이 생겼다면, 우리가 세상에 내던져진 날, 생일을 축하하는 것처럼 원하는 삶을 살겠다는 마음을 먹은 이 날도 축하해야 하지 않을까?

당장 원하는 타자를 만나러 길을 떠났다 해도 만나기가 쉽지 않다. 이미 미래를 바꾼 사람들은 이미 미래를 바꾼 사람들과 교류하며 살기 때문이다. 미래를 바꾸고 싶은 사람 주위엔 미래를 바꾼 경험이 없는 미래를 바꾸고 싶은 사람이 몰려들기 때문이다.

미래를 바꾼 매력적인 사람이 주위에 없다고 변명할 수 없다. 중년이면 혹은 노년이면 안 된다는 법도 없다. 타자를 만나는 여러 방법 중 한 가지가 황진규 작가처럼 책을 깊이 읽고 쓰는 것이다. 이 방법은 돈이 그리 들지 않고 또 자투리 시간에도 할 수 있는 일이다. 타자를 만나러 길 떠나기를 머뭇거리는가. 시간이 없어서 혹은 돈이 없어서라는 핑계를 대는가. 그렇다면 진정으로 원하지 않은 것이 아닐까. 어정쩡 불편하게 사느니, 포기하고 맘 편하게 사는 편이 더 낫지 않을까?

요즘엔 연애를 많이 하라고 한다. 이는 여러 사람을 만나면서 자신이 어떤 사람인지 점점 더 알게 되기 때문이다. 상대방이 자신과 맞는 사람인지 아닌지 구별할 수 있기 때문이다. 연애할 때도 어느 정도 깊이 있는 만남이어야 나도 상대도 알 수 있는 안목이 생기는 것처럼, 나와 맞는 타자를 알기 위해서도 깊이 있는 책 읽기가 필요하다.

잡생각은 꼬리에 꼬리를 물고 바람에 구름 흘러가듯 흘러가는데, 책을 읽고 생각할 때는 생각이 뚝뚝 끊어진다. 적은 양의 물이 흘러가다 끊기고 멈추는 것처럼 생각하는 힘이 크지 않아서다. 생각만 하면 생각은 구름 흩어지듯 사라진다. 무슨 생각을 어디까지 했다가 끊어졌는지 멈췄는지 알 수 없다. 잡다한 생각이더라도 글로 쓰면, 바닥에서 흘러가는 물처럼, 생각도 흔적을 남긴다.

이 흔적 중에 아쉬움이 남는 것이나 이거 좋은데 싶은 것에다 글꼬리를 연결하면 꼬리에 꼬리를 물고 깊은 생각을 할 수 있게 된다. 글에다 꼬리를 달고 다시 꼬리에 꼬리를 연결하다 보면 생을 걸고 사랑하고픈 타자가 우리 앞에 서 있을 것이다. 그런 타자를 만났을 때의 일은 생각할 필요가 없다. 그가 어떤 자일지도 지금 우리는 알 수 없고, 그가 우리에게 어떤 메시지를 던져줄지 알 수 없기 때문이다.

우리는 어떻게 타자를 알아볼 수 있을까? 간단하다. 우리는 타자를 만나면 생각 혹은 가치관이 변한다. 이 변화를 우리가 인식할 때 우리는 그가 타자인 줄 알게 된다. 변화를 인식하지 못해도 삶은 변화하기 시작한다.

도서관엔 우리보다 우리를 더 잘 아는 타자들이 기다린다. 그도 우리와 소통하고 싶어 한다. 우리가 도서관에 갈 때 갖추어야 할 것은 타자, 그를 알아볼 안목이다. 생을 통째로 쏟아부어 그를 사랑할 마음이다. 그를 사랑하는 마음의 크기만큼 우리의 미래가 바뀐다는 걸 기억하자. 내 삶의 변화는 타자가 아니라 내게 달려 있다는 걸 기억하자.

최정희(할수) 작가

매력적인 타자를 만나다

나를 돌아본다. 생물학적 나이는 노년에 속한다. 60대가 되어서도 나의 내면의 아이는 19살짜리였다. 수십 년 그 자리에서 한 발짝도 떼지 못하고 울고 있는데, 이를 외면하고 살았다.

인간은 생애 주기에 따라 발달 과업이 있으며 그 주기에 따른 발달 과업을 성취하지 못하면 다음 단계로 넘어갈 수 없다고 한다. 예를 들면 아기가 두 발로 걸으려면 뒤집기부터 시작해야 한다. 뒤집지 못하는 아기가 어느 날 갑자기 걸을 수는 없는 것처럼 정신적인 부분도 순차대로 습득해야 할 것이 있다는 것이다.

이런 꿈을 꾸는 사람들이 있다. 노인이 되면 쉬면서 카페에서 차를 마시며 책을 읽거나 가끔은 먼 산을 바라보며 멍을 때리기도 하며 지내고 싶다고. 혹은 부부가 손을 잡고 한가롭게 공원을 산책하는 삶을 살고 싶다고. 이런 사람들은 생애 주기에 따른 발달 과정을 순차대로 잘 이룬 사람들일 것이다. 나는 이런 꿈을 꾸지 않는다. 이 말은 카페에서 차를 마시며 책을 읽지 않는다는 말이 아니다. 부부가 함께 공원을 산책하지 않는다는 말도 아니다. 이런 일은 평범한 일상이니까. 내가 이런 일을 꿈꾸지 않는 이유는 생애 주기에 따른 정신적인 발달이 청년기에 접어들 무렵에 멈춰버렸기 때문이다. 청년기에 이루어야 할 발달 과업을 이제야 거치고 있기 때문이다.

책을 읽다가 떨어뜨린 적이 있는가. 바닥에서 책을 집어 들었을 때 몇백 쪽이나 휘리릭 넘어간 뒤에 남은 쪽이 몇 장 없는 것을 발견한 적이 있는가. 내 삶이 이랬다. 19살에 넘어졌는데 일어서 보니 노인이 되어 있었다. 청년기를 겪지도 못했는데 어떻게 중년기를 지나올 수 있었겠는가. 제대로 살아가려면, 노인의 몸으로 청년기를 살아내야 하고 중년기를 살아내야 하는데 어떻게 한가롭게 지낼 수 있겠는가.

책을 제대로 읽으려면 조금 전에 보던 페이지를 다시 펼쳐야 하는 것처럼, 청소년기 끝 무렵부터 시작해서 다시 살아야 한다는 것을 삶을 바꾸기 위해 몸부림칠 때는 몰랐다. 삶을 새롭게 시작하려고, 한 발 한 발을 떼는 일이 쇳덩이 아래 깔린 발을 들어 올리는 일 같았다. 이렇게도 해보고 저렇게도 해보는 데 몇 년이 후딱 지나갔다. 이때가 60대 중반인데. 내가 심리적으론 청년기를 지나고 있는 줄 까맣게 모르고 있었다. 지금 일흔에 가까운 나이에 심리적으로 중년기에 들어섰다는 것을 깨달았다.

삶을 바꾸려면 주변 환경을 바꾸어야 한다고 했다. 환경을 바꾸는 방법 중 한 가지는 다른 사람을 만나는 것이라고 했다. 난 하늘이 동그란 줄 아는 우물 속 개구리였다. 내 생활 반경에는 하늘이 동그란 줄 아는 사람들뿐이었다. 우물 속 개구리가 바깥으로 나갈 생각을 하는 것만으로도 대단한 일이다. 우물 속 개구리가 바깥으로 나온다면 더욱 대단한 일이다. 사실 기적이 아니면 어떻게 개구리가 우물 밖으로 나올 수 있겠는가.

나는 개구리가 우물 밖으로 나오는 것 같은 기적을 만들어냈다. 이 기적은 내가 홀로 이룬 것이 아니다. 타자들을 만났기 때문에 가능했다. 이 문장을 쓰는데 가슴이 울컥한다. 눈물이 난다. 울음소리가 터져 나온다. 마음이 쪼그라들어 비참하게 살던 사람이었다. 삶을 바꾸기 위해 백일백장 글쓰기에 도전했다. 백일백장 글쓰기라는 마당을 만들어 준 사람이 있었다. 함께 백 일 동안 글을 쓴 사람들이 있었다. 이때 쓴 글을 바탕으로 낸 인생의 첫 책이《숲이 내게 걸어온 말들》이다. 이 책을 내고 난 후, 더 마음이 쪼그라들었다. 내겐 내 자체가 부끄러움이었다. 이젠 부끄럽지도 창피하지도 않은 일인 것을 알겠다. 다른 사람에겐 평범한 일일지 몰라도 내겐 기적이란걸.

책을 낸 것만 해도 현실이 맞나 싶은데, 또 현실 같지 않은 일이 일어났다. 이 책이 2024년 한국출판문화산업진흥원에서 하는 오디오북 제작 지원 사업에 선정된 것이 그것이다. 성우 은정 님의 음성으로《숲이 내게 걸어온 말들》을 듣고 있으면 무엇이든 맘만 먹으면 할 수 있을 것 같다.

내 책《숲이 내게 걸어온 말들》의 제1 독자는 남편이다. 남편은 종이책을 세 번 읽었다. 오디오북은 스무 번 가까이 들었다. 앞으로 몇 번이나 더 들을지 모른다. 종이책을 읽을 때도 눈물을 많이 흘렸고 오디오북을 들을 때도 엄청 울었다.

남편은 이 책을 읽고 나서 나와 내 아픔을 더 잘 이해하게 되었다. 내가 무슨 이야기를 해서 남편을 이렇게 울릴 수 있겠는가. 요즘엔 내가 글을 쓸 수 있도록 설거지하기도 하고 "어떻게 이리 잘 썼노? 힐링이 되고 마음공부도 되고 동기부여까지 되네."라며 비행기를 태운다.

> 그러니 재능을 찾을 수 없었던 구조적이고 환경적인 문제는 잠시 접어두자. 여기서는 간절하게 재능을 찾고 싶었지만 찾을 수 없었던 문제에 대한 이야기를 해보자. 우리는 왜 재능을 찾을 수 없었을까? 이성(정신)적인 능력으로 재능을 찾으려 했기 때문이다.
> – 《틈을 내는 철학책》, 황진규

황진규 작가는 말한다. 재능을 찾는 방법이 간단하다고. 슬픔을 주는 일을 멀리하고 온몸으로 기쁨을 좇으면 된다고. 《틈을 내는 철학책》이 부분을 읽는데, '그래 맞다, 맞다' 하는 말이 가슴속에 일어나 일렁일렁 파도를 친다. 나는 뭔가를 지속할 수 있는 사람이 아니었다. 어떤 일이든 작심에 작심하고 시작해도 맨날 흐지부지되었다.

이젠 아니다. 물론 안 되는 일이 아직 있긴 하지만, 1년 이상을 지속해 온 일이 몇 개 있다. 아동기나 청소년기 혹은 청년기에 가졌으면 좋을 습관을 노년에서야 만들어 가고 있다. 생물학적 나이는 많지만, 이제 막 심리적으로는 중년에 접어든 것이다. 얼마 지나지 않아 무덤에 들어갈 늙은 몸으로 혈기 왕성한 중년의 삶을 살아야 내야 한다.

뒤늦게 청년기를 혼자 넘어지기도 하고 엎어지면서 보냈지만, 만년 중년 인생을 함께 겪을 친구들이 생겼다. 이 친구들은 인문학향기충전소에서 만난 작가님들로 이들 중에는 아들보다 나이가 적은 사람이 있다. 이들을 만난 것만 해도 행운인데, 함께 글을 쓰고 책을 내는 기쁨까지 누리고 있다. 매주 금요일 저녁, 줌에서 작가님들이 돌아가며 강연을 하고 독서토론을 하면서 함께 성장하고 있다. 하루하루가 예전에 꿈꾸던 날이다. 이는 매력적인 타자, 작가님들을 만나서 일어난 기적 같은 일이다.

최정희(할수) 작가

변덕쟁이로 살아가리라

믿음이 내가 살아가는 이유였고 삶의 지침서였다. 한번 가진 신념을 죽을 때까지 고수해야 하는 줄 알았다. 수십 년 동안 인생 지침서에 따라 최선을 다해 살아왔는데. 뭔가 잘못되었다고 느꼈다. 행복하기는커녕 사는 게 죽을 맛이었다. 앞날이 캄캄했다.

그때 생각은 이랬다. 신이 있다면 아무리 괴로워도 지금까지 살아온 방식대로 계속 살아야겠다고. 신이 있기를, 내가 살아온 방식이 맞기를 바랐다. 그렇지 않으면 40년 내 삶이 모든 것이 헛된 것이 되기 때문이다. 우선 내가 사는 세상에 대해 알아야 했다. 유튜브 강의를 듣고 책을 읽으며 공부하기 시작했다. 마음이 정리되지 않았다. 여기서 조금 저기서 조금 공부하다 보니 체계가 잡히지 않은 탓이었다.

방송대 교양학과에 입학한 것은 대학에 못 간 한을 풀기 위해서도 아니었다. 졸업장과 자격증을 따서 어떤 일을 하려고 한 것도 아니었다. 세상이 어떻게 변해왔는지와 인간이 어떻게 살아왔는지를 체계적으로 알기 위한 거였다. 이에 대한 지식이 체계가 잡히면 어떻게 살아가야 할지 정할 수 있을 것 같았다.

교양학과에 다니면서 2년 동안 배운 지식과 그전부터 알고 있던 지식이 통합되면서 맘속에 체계가 잡혔다. 결론은 '신은 없다'였다. 무신론자가 되었다. 지난날 교류했던 사람들을 만나지 않는다. 내가 이전에 알고 있던 사람과 만나지 않는 이유 중 가장 큰 것은 완전히 다른 세상에서 살고 싶기 때문이다. 그들은 내 앞에서 웃을지라도 마음속엔 내가 잘못 살고 있다고 생각하고 있기 때문이다. 나도 전에 이런 자기중심적인 생각을 했다.

얼마 전에 한 지인이 방송대 교양학과에 다닌다고 했다.

이 지인은 교양학과 공부를 하면서 믿음이 더욱 깊어졌다고 했다. 같은 공부를 했는데 지인과 내게 상반되는 일이 일어났다. 이는 각자 이전에 알고 있던 지식에 새로운 지식이 통합되면서 같은 지식을 서로 다르게 해석했기 때문일 것이다. 이는 잘잘못을 가릴 일은 아니다. 우리 각자는 자신이 처한 상황에서 자신이 원하는 방식대로 살아가면 되니까. 사람마다 다른 것으로 행복을 느끼니까.

믿음으로 인도해 준 사람에게 늘 감사했다. 지금 보면 그로 인해 엉뚱한 곳에서 수십 년 헤매었으니까 감사할 일이 전혀 아니다. 그 사람을 원망하지는 않는다. "집에서 새는 바가지는 밖에서도 샌다."는 말이 있다. 이 말처럼 그때 내 상태로는 그가 아닌 다른 사람을 만났으면 다른 곳에서 헤매고 다녔을 것이니까. 비용 없이 뭔가를 배울 수 있겠는가. 어떻게 살아야 할지를 배우는데 큰 비용을 치렀다고 생각한다.

지금도 헤매고 있지만, 이전의 헤맴과는 다르다. 이전의 헤맴은 신념의 울타리 안에 갇혀서 자신을 소모하는 일이었다. 이때는 신념은 좋았지만 내가 맘에 들진 않았다. 휴머니즘이 굉장히 좋은 것이라 여긴 적이 있다. 그때는 휴머니스트가 되고 싶었으나 지금은 아니다. 모든 인간이 존중받아야 한다는 말에 동감하지만. 다른 생명체에 대한 배려가 없는 것이 맘에 들지 않기 때문이다.

지금은 생명중심주의에 마음이 끌린다. 생명중심주의는 "모든 생명체가 그 자체로서 도덕적으로 존중받을 내재적 가치를 지닌다고 보는 세계관, 인간과 마찬가지로 모든 생명체는 신성하고 동등하다고 보기 때문에 생명을 유지하고 증진하며 고양하는 것을 선으로, 생명을 파괴하고 억압하는 것을 악으로 규정한다."라고 네이버 국어사전에 등재되어 있다.

이 신념을 평생 가지고 간다고는 말하지 않겠다. 더 낫다고 생각되는 신념이 있으면 또 바꿀 테니까. 죽어서까지 가지고 갈 좋은 신념이 없어서일까? 요즘엔 내가 좋다. 자유롭게 사고하며 성장하려고 여기저기 헤매면서 실수도 하지만 그땐 느껴보지 못한 따뜻한 감정이 인다.

내 마음에 불을 밝혀준 말 가운데 하나는 "경계에 서라."라는 최진석 교수의 말이다. 늘 경계에 서서 이쪽과 저쪽을 살펴보며 이게 아니다 싶으면, 왜 아닌지 살펴보고, 다른 곳으로 발길을 돌릴 것이다. 내겐 죽을 때까지 고수할 신념이 없다. 나는 이리 변하고 저리 변하는 변덕쟁이로 살 것이다.

최정희(할수) 작가

겁먹은 눈으로
산 높이를 재지 마라

    인문학향기충전소 온라인모임에서 어느 작가님이 말했다. 공동 집필하는 글을 코믹하게 쓰겠다고. 코믹하게 쓰기 쉽지 않은데 어떤 글이 나올지 기대가 되면서 한편으로는 '내 글은 어떤 분위기일까?'라는 생각이 들었다. 이때 고등학교 3학년 때 친구가 한 말이 머릿속에 떠올랐다.

"너랑 이야기를 더는 못 하겠어."
"왜?"
"넌 밝아."
"…"

난 무슨 말을 해야 할지 몰라 눈을 동그랗게 뜨고 친구를 쳐다봤다.

"난 어두워. 네게 전염이 될까 봐서."

중학교 때 인근 도시, 대구로 기차 통학을 했다. 기차에는 같은 학교 아이들도 있고 같은 반 친구도 있었다. 이 친구들에겐 대학생 오빠들이 있었다. 이 오빠들이 내게 언니를 소개해 달라고 했다. 언니가 없다고 하면 언니가 여럿 있고 오빠도 있을 것 같다며 거짓말을 한다고 했다.

이들 친구 오빠들뿐만 아니라 나를 처음 보는 사람들은 나를 언니와 오빠들의 사랑까지 듬뿍 받고 자란 막내로 보았다. 집안이 넉넉한 편이 아니었으나 집에서 나는 자유로웠다. 부모님이 청소나 설거지 같은 일을 시키지 않았다. 동생이 다섯이나 있는데 엄마에게 동생 기저귀를 가져다준 적도 동생과 놀아준 적도 없는 것 같다. 할머니께 어리광을 부리는 것이 어린 내가 하는 일 전부였다. 엄마가 간단한 물건이라도 가져오라 하면 할머니가 "얼라가 우째 하노. 내가 하께." 하곤 대뜸 해버렸다. 내게 시키는 일이 할머니께 시키는 게 되기 때문에 엄마는 내게 아무것도 안 시켰다. 맏이이다

보니 "이거 해라.", "저거 해라." 할 언니와 오빠도 없었다.

소소하게라도 책임을 질 것이 있어야 그 책임을 수행하면서 사람은 성장하는데, 나는 그렇지 못하였다. 친구가 내게 한 말과 친구 오빠들이 내게 한 말을 상기해 보면, 나는 제 연령대에 알아야 할 뭔가를 모르는, 나이에 비교해 한참 어린, 철부지 상태였던 것 같다. 친구에게 무슨 일이 있었냐고 물어보지 못했다. 책을 읽고 서로 이야기하는 것이라면 신나서 이야기했을 것이다. 내가 알 수 없는 미지의 현실 세계에 관한 것이었으므로 두려웠다.

몇 개월 지나지 않아 어둠의 세력이 나를 덮쳤다. 아버지가 편찮으셔서 대학 진학과 꿈을 포기했다. 이후 깊은 절망감에 시달리면서 어둠의 세계로 떨어졌다. 아버지 대신 가족을 부양해야 하는 책임이 장녀인 내게 떨어질 것만 같았다. 생각만으로도 죽을 맛이었다. 나 하나도 감당을 못 하고 무너졌는데, 작은 책임마저 져본 적이 없던 내가 갑자기 이 큰 무게를 감당할 수 있었겠나.

친구에게 말하지 못하고 혼자 앓았다. 친구가 자신이 어둡다고 말했을 때 무슨 일이 너를 어둡게 했느냐고 물어보았다면, 혼자 앓지 않았을 것이다. 친구가 왜 내게 말을 안 했는지 이해할 것 같았다. 친구가 속내를 말했더라도 전혀 이해하지 못했을 것이다. 친구에게 무슨 일이 있었는지 모르지만, 친구가 자신이 어둡다고 말한 것이 어떤 상태인지는 알 수 있을 것 같았다.

꿈이란 험준한 산 앞에서 주저앉아 버렸다. 장녀이지만, 아직 어린 내가 가족을 책임져야 할 상황이 될까 봐 일어나는 맘속 불안과 두려움이 나를 휘감아 버렸기 때문이다. 이후 꿈이란 산을 쳐다볼 엄두도 못 내고 도망을 다녔다. 꿈이란 산은 도망칠 수 있는 산이 아니었다. 어디로 도망가도 이 산이 항상 앞에 버티고 있었다. 행복하게 살려면 반드시 넘어야 할 산이었다. 혼자서 올라가야 하는 산이었다. 노년이 다 되어서야 도망칠 수 없는 산이란 걸 알게 되었다.

애써서, 몇 걸음 산을 올랐다. 여전히 오르지 못할 만큼 산이 높지만, 높이가 조금 낮아 보인다. 도망 다닐 때는 비참했는데 올라가는 길은 행복하다. 산 높이가 조금 낮아 보이는 것만큼 자신이 성장한 걸 알아서다. 정상에 도착해야만 행복해지는 것이 아닌 것을 알겠다. 느릿느릿 오르더라도 오르기만 하면 되었다는 것도 이젠 알겠다. 꿈이란 높은 산 앞에서 머뭇거리는 사람에게 말해주고 싶다. 산 높이를 겁먹은 눈으로 재지 말라고. 올라갈 산을 정했다면 정상으로 올라갈 방법을 미리 생각하지 말라고. 올라가는 방법은 올라가면서 깨닫는 거라고. 자주 살펴볼 것은 산 높이가 아니라 방향이라고.

최정희(할수) 작가

잘못 놓인 벽돌과
따뜻한 벽돌

〈어쩌다 어른〉에서 이금희 아나운서가 강연 중에 한 이야기다.

어느 스님이 담장을 쌓았다. 돈이 없어서 벽돌까지 만들며 쌓다 보니 몇 달이 걸렸다. 근데 완성된 담장에는 벽돌 2개가 잘못 놓여 있었다. 담장을 부수고 다시 쌓으려고 하니 또 몇 달이 걸릴 것 같았다. 스님은 잘못 놓인 벽돌 2개 때문에 담장을 바라보지 않고 지나다녔다. 얼마 뒤 찾아온 손님 중 한 사람이 이렇게 말했다.

"이 담장 기가 막히게 아름답네요. 누가 만드신 거예요?"

"이 담장이 아름답다고요? 잘못 놓인 벽돌 2개가 보이지 않나요? 여기요, 여기."

"이 벽돌 때문에 아름다운 겁니다. 이 벽돌 2개가 아니었다면 평범한 담장일 텐데요. 벽돌 두 개가 잘못 놓여서 세상에 하나뿐인 담장이 된 거예요. 바로 이것이 개성입니다."

이금희 아나운서가 이어서 말했다.

"우리도 잘못 놓은 벽돌이 있지요. 잘못 놓은 벽돌을 멋진 개성으로 바꿀 수 있고요."

이 말을 들을 때 '내게도 잘못 놓은 벽돌이 있지, 개성으로 바꾸면 되지'라며 고개를 끄덕였다. 그리고 잠시 후 돌아서는데,

'네가 잘못 놓은 벽돌은 한두 개가 아니라고. 모두 몇 갠지 세어봐. 자신을 제대로 알려면 말이야'라고 속삭이는 자가 있었다. 나는 그자의 말에 따라 잘못 놓인 벽돌을 세어보았다. 한둘이 아니라 모든 벽돌이 다 잘못 놓인 것 같았다. 스님이 자신이 만든 담장에서 잘 놓은 것이 아니라 잘못 놓은 것만을 바라본 것처럼 나도 그러고 있었다.

마샤 메데이로스가 시에서 자기 안에서 아름다움을 발견하지 못하는 사람은 서서히 죽어가는 사람이라고 한 것이 떠올랐다. 마샤 메데이로스의 말처럼 자기 안의 아름답지 못한 것을 먼저 찾아내는 나는 서서히 죽어가는 사람이다. 남은 인생 사는 것같이 살아보려고 했는데, 울적해졌다.

새벽에 일어나서 글을 쓰려고 여러 번 맘을 먹었지만, 이 글을 또 저녁 늦게 쓰고 있다. 내 안의 아름다움을 발견하지 못하고, 좋지 못한 습관의 노예이기도 한 나는 마샤 메데이로스가 말한 서서히 죽어가는 사람이다. 서서히 죽어가기 싫어서 필사적으로 내 안의 벽돌들을 살펴본다. 내 속에 아름다운 것이 있을까? 잘못 놓인 벽돌들은 셀 수 없을 만큼 많은데 잘 놓인 벽돌은 2개뿐일까 염려된다.

나태주 시인이 풀꽃 시에서 말했다. "자세히 보아야 예쁘다."라고. 내게서 예쁜 구석을 발견하지 못한 것은 나를 자세히 살펴보지 않았기 때문일 것이다. 아무렇게나 쌓인 가슴속의 벽돌을 어루만져 본다. 루페로 봄꽃을 들여다보듯 가슴속 벽돌을 살펴본다. 모양이 반듯하지 않아서, 면이 거친 것 같아서, 색깔이 우중충해서 한쪽에 밀쳐두었던 벽돌을 만져본다. 따뜻하다. 손바닥을 떼고 다시 한번 만져본다. 마음이 따뜻해진다.

모양이 반듯하지 않은 벽돌과 거친 면 벽돌과 색깔이 우중충한 벽돌은 서로 부대끼면서 깨진다고. 그래서 내가 아프다고 생각했는데, 아니었다. 마음에 들지 않아 버려둔 이들 벽돌이 마찰하면서 따뜻한 온기를 만들었다. 나태주 시인이 "오래 보아야 사랑스럽다."고 한 말이 이제 이해가 된다. 잘못 놓인 벽돌이 개성으로 빛나기도 하고 사람을 따뜻하게 어루만지는 손길이 되기도 한다는 걸 알겠다. 세상에 버릴 벽돌이 없다는 것도 알겠다. 다시 한번 못난 벽돌들을 어루만진다. 어미 닭이 품고 있는 달걀처럼, 따뜻하다.

최정희(할수) 작가

헤세의 다정한 목소리를 들려드립니다

'영혼이 건네는 헤세의 다정한 목소리(유튜브, 책 읽기 좋은 날)'를 듣는 중이다. 가슴이 뭉클한다. 눈에서 눈물이 툭 떨어진다. 잠시 멈췄다가 이어 듣기 시작한다. 가슴이 뭉클, 뭉클거리면서 눈엔 눈물이 흘러내릴 듯 고인다.

'인생이란 자기 자신에게 이르는 찬란한 여정'이란 말이 가슴을 툭 쳤다. 요즘 매일 글쓰기를 하지 않는 내가 마음에 들지 않아 '나는 왜 이 정도밖에 안 되지?'라며 자책하고 있었다. 자신을 자책하는 이유는 2가지다. 하나는 불규칙한 수면 습관으로 밤늦게까지 깨어 있을 때가 많고 아침에 늦게 일어나는 것이다. 다른 하나는 수면 습관으로 인하여 아침이나 밤 모두 깨어 있으나 깨어 있는 것이 아니라서 어떤 일에도 집중을 하지 못하는 것이다.

내가 집중해서 하고 싶은 일 중의 하나는 글을 쓰는 것이다. 매일 일정한 시간에 글을 쓰고 싶은데, 글을 써야겠다는 마음이 있는데, 매일 글을 쓰지 않는 어떻게 자신을 좋게 생각할 수 있겠나. 매일 글을 쓰고 싶은 사람들이 모인 백일백장 글쓰기에 참여하는 것도 한 방법이겠지만, 백일백장 글쓰기 모임에 참여한 경험은 있으니까. 혼자 해내고 싶었다. 일주일 후면 2025년이 되는데. 백일백장 글쓰기를 아직 시작도 하지 못하고 있다.

'인생이란 자기 자신에게로 가는 찬란한 여정'이란 말이 내 정신을 확 깨웠다. '그래 이 순간도 찬란한 여정의 일부인 거야' 혼자 중얼거린다. 가슴을 툭 치는 이 말 한마디가 내가 나를 응원하게 한다.

소설만이 아니라 우리 삶에도 기승전결이 있지. 완전하지도 않은 사람이 승승승승의 삶을 바라다니! 삶에 굴곡이 있기를 바라지 않다니! 좋지 않은 습관은 바꾸면 되지. 소설을 읽을 때, 주인공이 힘든 일이나 어려운 일들 혹은 자신의 무능함을 이겨내며 성장할 때 감동해서 눈물을 흘렸잖아. 주인공이 실망하고 낙담에 빠져 있을 때 혹은 슬퍼하고 있을 때 어떻게 생각했니? 못난 놈이라고 여기지 않았잖아. 응원하고 북돋아 주었잖아.

왜 자신에겐 그러지 못하나. 주인공이 어렵고 실의에 빠져 있다가 어려움을 극복하고 원하는 것을 이루고 난 후엔 아무것도 하지 못하고 방황했던 일조차 찬란한 여정의 일부라고 생각하지 않았나. 그렇네. 잘못 생각했네. 나는 찬란한 여정을 걸어가는 중이구나.

하나의 별이 억만년 동안 빛나든 사람처럼 100년 동안 반짝이다 사라지든 별은 모두 찬란하네. 별똥별이 왜 별인가. 불타 사라지는 순간에도 반짝이기 때문이지. 멀리서 보면 사람도 반짝이는 별이야. 잠시 반짝이다 사라지는 별. 삶이란 이전에도 지금 이 순간에도 미래에도 자신이 빛나는 별이라는 걸 알아가는 과정이라고 헤세가 말하네.

독자님께
당신이라는 별과 함께!
반짝반짝 살고 싶어요.

인문학 교양서 출간 작가
K콘텐츠 공모전 당선 소설가(2024)
문학고을 당선 수필가/시인(2021)
인문학 좋은 글 파워블로그 운영
(1,800일째 날마다 글쓰기 실천 중)
패션포스트잡지, 강사신문, 지역신문 칼럼니스트 기고
인문학 충전소 카페 공동 운영 작가
국제 MBA석사(영어, 중국어)
선화예술중학교 피아노 전공
해외 근무 25년 포함, 직장인 작가 31년째

저서
《스니커즈는 어떻게 세상을 정복했을까》, 반니(2023)
《위대한 보통사람의 성공과 행복의 책》, 부크크(2020)

웹소설
〈돌하르방신과 감귤여신〉, 문피아(2023)

강연
한국경제TV 저자 인터뷰 등, 인문학, 북토크,
블로그 글쓰기 강사 강연 다수

SNS
https://blog.naver.com/seolhon
https://www.instagram.com/patrickswpark/
https://brunch.co.kr/@hopeman111
https://cafe.naver.com/MyCafeIntro.nhn?clubid=31062438

르네상스의 별이 빛나는 밤의 당신에게

호프맨 작가

차례

시작하는 글

예술과 친해지세요

철학 합시다
- 고전을 읽기 전에 고전을 요약한 책을 읽어보는 방법
- 유튜브 등 강연을 듣는 방법
- 직접 철학자가 쓴 고전 철학책에 접근하는 도전

좋은 고전 문학의 독서에서 힘을 얻으세요!
- 헤르만 헤세, 《크눌프》: 아득한 풋사랑이 아름다운 이유, 이루어지지 않았으니까!
- 생텍쥐페리, 《남방우편기》《야간비행》: 위대한 조종사 작가
- 불멸의 고전 문학작품 속 여인의 모습들
  - ㄴ 안톤 체호프, 《귀여운 여인》
  - ㄴ 모파상, 《목걸이》
- 니코스 카잔차키스, 《그리스인 조르바》: 영원한 자유인, 니코스 카잔차키스의 불멸의 고전
- 헤밍웨이, 《노인과 바다》: 중년이여, 출항 준비를 하라
- 오 헨리, 《마지막 잎새》: 중년이여! 스스로 무성한 잎새를 그려라
- 알퐁스 도데, 《노인들》: 중년이여, 아름다운 노인을 준비하라!

중년의 위로와 성장, 글쓰기
- 혼자 쓰는 글
- 함께 쓰는 글
- 인문학적인 글

호프맨 작가

시작하는 글

 낀 세대, 무한 책임의 세대, 사회의 주춧돌, 기성세대, 꼰대, 수입 절벽을 걱정하는 세대, 이들의 공통점, 이들 모든 별칭의 세대가 중년입니다. 중년은 40대 중반부터 60대 중후반까지 폭넓게 30년 가까이 지칭하는 나이대입니다. 중년에게 주는 억압과 압력의 스트레스를 주었던 사회에게 묻고 싶습니다. 누가 중년을 위로해 줄 수 있을까요? 국민연금을 기다리면서 희망을 갖기에는 너무도 많이 살아가야 할 날이 많은 세대, 중년에게도 묻고 싶습니다. 이제 스스로에게 의지하세요. 스스로 치유하고 위로받을 수 있어야 합니다. 그런 방법들을 구체적으로 제안합니다.

키케로는 노년에 대하여 예찬하였습니다.

> 노년은 인생이라는 거대한 연극의 마지막 장이다. 그렇기 때문에 아무리 지겹고 힘들더라도 끝까지 지치지 않고 나아가야 한다.

아리스토텔레스는 중장년을 "젊은 사람의 용기와 노년의 절제의 미덕을 알고 있고 실천할 수 있는 장년(중년)"이라고 예찬하였습니다.

인생이라는 거대한 연극의 마지막 장을 위해서 중년에게 주어진 기회들은 무엇일까요?

그것은 자신을 찾을 수 있고 자신에게 보상해 줄 수 있는 황금 같은 기회입니다.

중년에게 숨 가쁘게 일해온 자신을 되찾을 수 있고 북돋아 줄 수 있는 기회가 무엇일까요?

마음을 충만하게 채워주는 행복감을 만들어 내는 작업입니다. 어쩌면 절박할 수 있는, 중년에게 빛과 소금이 되는 그런 위로와 기회를 이 책과 더불어 생각해 보고자 합니다. '인문학 충전소/인문학 자기계발' 카페의 작가님들이 글벗 수다 같은 편안한 제안들을 공유합니다.

호프맨 작가

예술과 친해지세요

　첫 번째, 예술과 친해지는 작업입니다. 예술을 친구로 삼아보세요. 삶이 풍요로워집니다.

　예술과 친해지는 것이 무엇인지 구체적으로 적어봅니다. 악기를 다룰 줄 아세요? 음악을 좋아하지 않는 사람들은 없을 겁니다. 음악 감상을 좋아하세요? 그러면 이미 당신은 예술의 벗입니다.

　음악을 정의합니다. 음악은 마법의 언어입니다. 슬픔을 더 슬프게 해주고 기쁨을 더 기쁘게 해주기 때문이지요. 언제부터인가 슬픔은 삭이려고 하였지요. 음악을 들어서 더 슬퍼지고 싶지 않았습니다. 외로움을 지워버리고 싶었지요. 음악을 들어서 더 처연하게 외롭고 싶지 않았습니다. 니체의 《비극의 탄생》을 이해하고 싶지 않았습니다.

음악은 무지개 같은 요술 방망이이고 지니의 마법사입니다. 슬픔과 외로움에서 극복을 배우게 하고, 희망을 갖게 해줍니다. 희망을 몇 배나 키워주니까 음악의 언어는 마법사가 맞겠습니다.

음악을 짝사랑하였습니다. 6살 때 처음 아버지를 통해 알게 된 베토벤의 '운명 교향곡'을 들으면서 인생, 운명에 대하여 음악으로 이해하려고 하였습니다. 베토벤처럼 지휘하고 싶어져 두 손을 휘저었습니다. 그때 그 음악들은 환희의 찬가로 변하여 내 인생에 희망의 메시지를 심어주었지요. 그 이후로 숱한 어려움이 우리들의 삶에 끼어들었습니다. 중년이 된 지금, 6살짜리의 운명 교향곡과 지금의 운명을 이야기하라면 공통지점으로 무엇부터 꺼낼 수 있을까요? 음악은 인생의 키워드 '희망'이 되었습니다. 희망이 내 운명을 선택하였으면 간절한 욕망을 갖게 된 것이랍니다.

16살에 이 세상에서 가장 큰 비극을 맛보았습니다. 내게는 적어도 가장 큰 비극이었지요. 음악가로 인생을 살지 못한다는 깨달음이었습니다. 그로부터 수십 년이 흘러 50대 중반 중년이 되었습니다. 나의 깨달음은 차라리 그때 그 비창, 절망, 비극을 일찍이 만났던 것이 다행이었습니다. 그렇게 생각하게 되기까지 인생을 버티고 살아온 것이 얼마나 다행인지 모른다는 확신이 생깁니다.

'중년의 위로' 프로젝트는 나의 음악 인생 같습니다. 세상이 무너질 것 같은 10대, 음악이 사라질 것처럼 가슴 아팠지요. 하지만, 세상은 무너지지 않았고 나도 음악도 줄기차게 살아남았습니다. 중년에 음악을 듣고 감동하면서 인생을 사랑할 수 있는 것이 눈물 시리게 행복합니다.

아마추어 피아노 연주가로서 피아노를 즐길 수 있다는 것이 얼마나 큰 위로가 되는지 잘 압니다. 그것으로 인생은 살 만하지 않은가요? 예술을 사랑할 수 있고 예술을 연주할 수 있는 것으로 나의 삶은 복되지 않은가요? '중년들의 음악은 복음이요, 기쁠지어다!' 우리의 삶은 연주할 수 있고 감상할 수 있는 예술 작품임을 깨닫습니다. '중년의 매 순간에 기쁘고 감동받을지어다' 예술은 이렇게 외치게 됩니다.

"사람은 무엇으로 사는가?" 톨스토이가 물었지만 나는 이렇게 답변하고 싶습니다. 감동할 수 있고 그 감동을 승화시킬 수 있는 것으로 살아가는 것이지요. 그러면 승화시키는 것이 무엇일까, 되묻게 된답니다. 물론 예술적인 승화면 더 좋겠다고 확인합니다. 창작으로 승화시킬 수 있는 능력이 생긴다면 우리의 삶은 더 아름답지 않을까요?

빈센트 반 고흐의 위대한 유작 중에서 〈영혼의 편지〉가 있습니다. 모든 화가 중에서도 그의 글은 문인처럼 그의 삶을 관통한 처절한 예술정신을 글로 남겼습니다. 덕분에 예술에 문외한 사람들에게도 예술가, 화가의 진실한 예술적 추구가 얼마나 숭고한 것인지 감동을 받게 되었습니다. 예술을 가까이하지 않던 사람들에게도 감명을 주는 빈센트의 삶이 우리에게 시사하는 지점이 너무도 큽니다. 그의 치열한 작품과 숭고한 예술정신을 이해하게 되었습니다. 오늘날 그림 그리기는 모두에게 개방된 창작 활동이 되었습니다. 19세기까지도 그림 그리기는 예술가의 몫이었을 겁니다. 오늘 우리는 예술정신이 일상의 창작 활동에 미치는 그런 삶을 꿈꾸게 됩니다.

중년에게 예술은 그런 의미였으면 좋겠습니다. 타인에게 뿐만 아니라 자신에게 감동을 주는 예술과 친해지세요. 더 이상 예술가만이 예술을 향유하는 시대가 아닙니다. 모든 사람들에게 예술은 삶을 제대로 이해하게 되는 중년에게 주어진 특별한 기회입니다. 음악과 미술, 창작 활동이 주는 감동이 주는 위로와 치유는 중년을 다시 일으켜 세웁니다.

어서 악기를 연주하고, 붓을 드세요. 좋은 음악과 미술작품, 조각 작품, 예술 작품들을 감상하세요! 중년이여! 아마추어이기에 더욱 순수한 예술가가 되어보세요! 남들에게 보이기 위한 기능을 위한 예술인이 아니고 삶의 정원을 가꾸는 생명력의 예술인이 되셔요. 예술은 전설 속 젊음의 샘물처럼 수그렸던 중년을 치유하고 지고지순한 열정을 샘솟게 합니다.

호프맨 작가

철학 합시다

중년이 되어야 인생관도 세계관도 굳건해지는 것을 인정할 겁니다. 스스로 물어보십시오! 당신의 철학관은 무엇인가요? 나이 들수록 더욱 철학 하는 삶이어야 한다는 지점입니다. 철학 없는 삶은 말라비틀어져 가는 낙엽과 같은 겁니다. 철학은 마른 가지에도 초록 잎새를 돋게 만듭니다. 철학과 친해지는 작업은 철학적인 사고입니다. 물론 학위를 받거나 강단의 철학가가 될 필요가 없습니다. 그저 제대로 삶에 대한 질문을 던지면 되는 겁니다.

철학가만 철학을 하는 것이 아닙니다. 철학은 어떻게 살 것인가의 문제이고, 어떻게 삶의 가치를 생각하는가의 문제입니다. 철학은 형이상학의 존재론과 인식론을 수천 년에 걸쳐서 수많은 철학가들의 체계로 이야기하였습니다. 수백 년간 쌓인 철학가의 책들을 일일이 찾아서 읽어보는 것에 많은 시간이 소요됩니다. 하지만, 어렵지 않게 철학에 접근하는 방법들을 경험해 보기를 추천합니다. 위대한 철학가들의 유사한 주제를 각기 다른 각도로 살펴보는 것이 우리의 인생관과 세계관의 길을 선택하는 데 큰 도움이 됩니다. 자신의 사상, 사고, 사변을 논리적이고 체계적으로 집대성하는 데 철인들의 고전들이 큰 도움이 됩니다. 철학을 공부하는 것은 감성, 이성, 지성, 영성까지 진화하는 올바른 인격과 품위를 소유하는 사유의 힘을 갖게 해줍니다.

고전을 읽기 전에 고전을 요약한 책을 읽어보는 방법

처음 시작하기에 소크라테스나 니체의 특정한 고전 책들은 읽기 어렵습니다. 그 철학가들의 많은 작품들 중에서 핵심들을 요약하여 한 권에 엮은 책들이 베스트셀러에 올라 있습니다. 철학을 쉬운 문장으로 소개하는 책들을 먼저 만나보는 방법이 시작입니다. 철학이 철학을 위한 것이 아니고, 우리의 삶에 적용되는, 생활 속으로 들어오는 생(生)의 철학 이야기들이 많은 좋은 인문 교양서 책들로 나와 있습니다.

유튜브 등 강연을 듣는 방법

유튜브에서 쉽게 철학가와 작품들의 강연을 먼저 청취한 후에 관련 철학 서적을 접하는 편이 훨씬 수월합니다. 어려운 철학 서적도 다가서기 쉽게 해석해 주는 철학 유튜브 채널들이 많습니다. 시청각 강의를 들으면서, 영화나 다큐를 보듯, 철학에 입문하면, 철학과 금세 친해질 수밖에 없습니다.

강연자는 단시간에 압축하여 주제별 또는 철학가별 철학을 강연합니다. 그러한 강의에서 우리는 쉽게 철학의 전문용어들도 접할 수 있게 됩니다. 철학의 단어들 문장들에 익숙해지면 철학이 쉬워지게 됩니다. 그렇게 시대별 철학가의 개념들을 이해하면 그 이해들이 융합, 통합, 통섭에 이릅니다.

직접 철학자가 쓴 고전 철학책에 접근하는 도전

먼저 그리스 철학 고전기의 플라톤의 대화편들, 아리스토텔레스의 《수사학》을 읽어봅니다. 그다음에 에피쿠로스와 스토아철학의 서적들, 마르쿠스 아우렐리우스 황제의 명상록 포함 읽어봅니다. 그다음으로 스피노자, 장 자크 루소 등의 책들과 근세의 칸트 철학서나, 쇼펜하우어, 니체의 작품들로 넘어갑니다. 마지막으로 20세기의 철학가들, 사르트르, 알베르 카뮈, 비트겐슈타인 등의 책들로 완결합니다.

수많은 철학가들의 철학서들을 모두 완독할 수는 없지만 대표적인 작품들부터 시작합니다. 그 철학가에게 끌리면 한 철학가의 다른 철학서 작품들도 읽어가는 것으로 확대하는 것이지요. 가령, 니체의 《짜라투스트라는 이렇게 말했다》 이외에 그의 다른 작품, 《비극의 탄생》, 《인간적인 너무도 인간적인》 등등, 동시에 그의 전기 등을 읽어보면 그의 철학은 내 것으로 소화될 수 있습니다.

이렇게 철학서들과 친해지면 그뿐입니다. 한 번에 정독할 필요도 없습니다. 이야기를 듣듯 편안한 마음으로 들어봅니다. 마지막으로 오디오북을 활용하면 더욱 좋습니다. 오디오북으로 이야기를 듣는 것으로 철학가들의 문장을 부담 없이 들어봅니다. 오디오북은 철학서를 강연 + 독서로 이해하는 쉬운 접근 방법입니다. 그 후에 문장들을 눈으로 받아들이는 다기능 멀티미디어 독서법이 좋았습니다.

철학은 멀리 있는 것이 아니고 우리 삶에 들어와 있는 세계관, 인생관입니다. 중년의 우리들이 꼭 알아야 하는 이유는 철학이 우리의 삶을 치유하고 위로하기 때문입니다. 용기와 희망을 북돋아 주기 때문입니다. 이러한 철학을 삶의 철학, 생의 철학이라고 부릅니다. 일상생활을 바꿀 수 있는 철학과 친구가 되세요. 그 어느 친구보다도 든든하게 의지가 되는 철학 친구를 곁에 두세요. 여러분의 삶은 새로운 열정으로 충만해지고, 향기를 품게 되며, 뿌리부터 단단해집니다. 그럼에도 육신을 지닌 우리의 삶은 죽음으로 가는 과정이기도 합니다. 철학은 죽음 앞에서조차 스스로 단단하게 삶을 지탱해 준답니다. 성현의 긍정적인 에너지를 지향하고 범인의 부정적인 사고를 초월하는 중년의 쓸모 있는 사유의 역량이 됩니다. 철학이 필요한 이유는 사고의 유연성을 통해서 삶의 문제점을 해결할 수 있는 지혜의 무기가 됩니다.

호프맨 작가

좋은 고전 문학의 독서에서 힘을 얻으세요!

– 모듬 작품 소개, 문학의 힘

헤르만 헤세, 《크눌프》 : 아득한 풋사랑이 아름다운 이유, 이루어지지 않았으니까!

크눌프는 친구의 마을에 잠시 며칠 머무르면서 떠나기 전에 아름다운 처녀와 저녁 몇 시간 데이트를 나누지요. 그 데이트라는 것이 산책으로 시작되어 작별 키스로 마감되는 극적인 것이었습니다. 사실 저녁 산책을 하자고 처녀를 감히 유혹한 것은 예의 바른 신사보다는 방랑시인의 도발적인 태도였고 그 또한 이유가 있었어요. 다시 유랑하기 위해서 떠나기 전 마지막 추억의 밤이었기 때문이었습니다. 그에게 빠져버린 처녀는 남들의 시선을 두려워하면서도 저녁 산책 데이트를 결행합니다. 단둘이 남녀가 저녁에 산책하는 것이 처녀에게는 몹시 신경 쓰이는 일이었습니다. 그런 처녀에게 크눌프는 산책길 끝 아쉬운 헤어짐 이전에 무도회장에서 춤을 추자고 하였습니다. 고민 끝에 처녀는 크눌프와 행복한 춤을 추었습니다. 크눌프는 춤꾼이었던 모양입니다. 그날 그녀와 다리에서 헤어지기 전에 이번 한 번의 데이트를 끝으로 다시 길을 떠난다는 것을 알렸습니다. 그녀는 딱 한 번의 데이트로 빠져버린 남자 크눌프에게 작별 키스까지 하고 만답니다. 작별의 아련한 키스까지 응답한 처녀는 안타까운 헤어짐을 받아들이면서 다리를 건너다가 다시 돌아옵니다. 크눌프가 노잣돈 한 푼 없이 다시 방랑을 떠난다는 것에 마음 아파서 가지고 있던 돈을 주고 만 것입니다. 옥신각신하면서 겨우 조금의 여행경비를 받게 된 크눌프는 그렇게 그녀와 안타깝게 헤어집니다. 방랑 시인다운 하룻저녁의 로맨스가 이렇게 가슴을 미어지게 하였습니다.

생텍쥐페리, 《남방우편기》《야간비행》 : 위대한 조종사 작가

생텍쥐페리는 2가지 인생의 키워드를 가진 위인이었습니

다. '비행 조종사'와 '소설가'였습니다. 그의 삶은 12살에 한 첫 비행 체험으로 비행 조종사가 되리라는 꿈으로 성장한 것이지요. 우리들 중년은 모두 2가지 인생을 살아야만 한답니다. 가정의 리더로, 또 우리 삶의 주인공으로… 여러분은 무엇을 놓아버리겠습니까? 우리는 그 무엇도 놓칠 수 없었던 생텍쥐페리를 이해하게 됩니다.

어쩌면 생텍쥐페리가 소설가로서 문학가로 성장한 것은 조종사가 된 이후에 그의 구도적인 항공의 경험이 만들어 낸 부속의 산물이었을 것입니다. 그는 항공기 조종 중에 책을 읽고, 글을 쓰는 것들을 기록에 남겼습니다.

세상에 이렇게 특별한 작가가 있을까요? 조종사로 비행하면서 책을 읽고 작가정신으로 살았던 사람들이 얼마나 될까요? 그는 착륙 전에 읽던 책을 조종석에서 완독하기 위해서 일부러 1시간이나 착륙을 연착하고 관제탑의 불평을 들었다고 합니다.

생텍쥐페리의 《남방우편기》에서 그는 죽은 아이의 부모 사이 갈등, 이룰 수 없는 사랑과 철학적 갈등을 그렸습니다. 옛 연인을 다시 만난 조종사인 주인공과 연인 사이의 갈등이 이 소설 테마 에피소드 중 하나입니다. 조종사인 주인공은 죽은 아이의 엄마로서 기인한 행동의 연인을 오해합니다. 힘으로 우악스럽게 그녀의 손목을 비틀 정도가 되었던 순간에서 터질 것 같았습니다. 세상의 중심이 아이였다는 소설 속 간접 고백이 어쩌면 생텍쥐페리의 소망이 그려진 것일지도 모릅니다. 소설의 엔딩에서 주인공은 추락사하고 살해당합니다. 그전에 주인공과 연인도 서로 헤어진답니다. 그 소설 속 주인공의 불행한 엔딩에서도 우편물 배달을 위한 항공기의 비행이 사랑보다도 더 중요한 임무라는 것을 역설적으로 보여줍니다.

생텍쥐페리의 《야간 비행》에서 그는 자신이 죽을 것을 예감하고 집필하였을 것입니다. 그는 기꺼이 비행기와 함께 추락할 것도 신성한 의무로 받아들였습니다. 목숨을 걸고 비행 조종사로서 우편 배송의 항공 대의에 그의 삶을 걸었습니다. 그가 죽게 된 것은 전쟁 중이었던 조국 프랑스를 위한 그의 마지막 미션에서 비롯된 것입니다. 《야간 비행》에서 그는 별들을 만나서 천국의 바다를 묘사하였습니다. 동시에 태풍의 악마 같은 악천후 기상에서 죽음을 예감하고 사투하였습니다. 실제 생텍쥐페리는 그가 조국에 바쳤던 최후의 정찰 미션에 죽음을 무릅쓰고 참전하였습니다. 그에게 불어 닥친 적국의 공격 세례는 악천후 기상 끝에 불어 닥쳤습니다. 그는 조국에 그의 비행사 역량을 바치면서 천국으로 향하였습니다. 어린 왕자를 만나기 위해서 홀연히 하늘로 사라졌다고 수많은 그의 팬들이 그의 실종을 안타까워하였습니다. 그의 삶과 대비되는 소설을 죽기 전에 미리 출간한 겁니다.

사하라 사막에서부터 안데스산맥까지… 프랑스에서 베트남까지… 바다 건너 지구촌 곳곳을 누비고 하늘을 비행하면서 지구촌이 얼마나 아름답고 귀중한 존재인지 사람들에게 메시지를 전해준 생텍쥐페리를 공경합니다. 그의 소설에서 그린 하늘 아래 내려다본 지상의 모든 것들이 그렇게 소중한 것임을 새삼 다시 깨닫게 됩니다. 하늘에서는 인종, 민족, 국가, 경계들의 갈등이 모두 헛된 것이 되고, 오히려 하나의 지구촌과 사람들만 보인답니다.

그는 젊디젊은 45세, 죽기 3년 전 《어린 왕자》를 통해서 그가 그려왔던 아이에 대한 모든 생각을 글과 그림으로 생명을 불어넣어 그렸습니다. 《어린 왕자》는 자식을 갖지 못한 생텍쥐페리에게 그의 소설 속 아들이었을 것입니다.

생텍쥐페리는 별들을 바라보면서 조정하였던 그의 체험들을 실어 날랐습니다. 무역풍이 부는 사하라 사막과 세계에서 가장 긴 척추 같은 안데스산맥을 날아갔습니다. 신비로운 우주 속의 '어린 왕자'를 그의 생애 전체를 걸고 만났을 것입니다. 그가 그린 《어린 왕자》의 그림 속 곱슬머리는 그의 아내, 콘수엘로 드 생텍쥐페리의 곱슬한 머리 스타일을 빼다 박았습니다. 그의 소설 속 미망인과 너무도 닮은 구석 지점들이 많습니다.

불멸의 문학작품 속 여인의 모습들

안톤 체호프, 《귀여운 여인》

안톤 체호프의 《귀여운 여인》 같은 캐릭터의 여인은 구시대적입니다.

21세기 현대 시대, 남편을 너무 사랑하여 그의 인생을 통째로 따라 하고 읊으면서 살아가는 여인은 없답니다. 요즘 시대에 아내는 독립적인 삶을 살고 있습니다. 서로가 주체적인 세상의 부부의 모습을 함께 만듭니다. 그것이 바람직한 아내상으로 마땅합니다.

플라톤의 향연(심포지엄)에서 아리스토파네스는 이렇게 잘려 나간 사람의 원래 한쪽을 설명합니다. 원래 사람은 남남, 여여, 남녀가 붙어 있었는데, 오만방자하여 신들이 쪼개버렸다는 신화입니다. 그렇기에 그토록 우리는 자신의 반려자 반쪽을 찾아서 사랑을 구애하면서 이 생애를 살아내게 되었다는 것이지요. 《귀여운 여인》과 맞닿는 지점이 있어 보입니다.

안톤 체호프의 《귀여운 여인》에서 올랭카는 두 번의 결혼,

사랑했던 남편을 저세상으로 먼저 보냈습니다. 그녀는 역시 사랑했던 남자의 아이에게 그녀의 생애 마지막을 통째로 겁니다.

모파상, 《목걸이》

아내 마틸드의 순간적인 행복감을 위해서 남편은 상급 공무원들의 고급 사교 파티에 참여하도록 해줍니다. 장신구가 없었던 마틸드는 아름다운 목걸이를 친구에게 얻게 됩니다. 그로 인해 행복한 아내를 바라보게 되는 남편 이야기이기도 합니다. 파티에서 최고의 주목을 받게 되지만, 그러한 허영심으로 순간 행복하였던 아내는 그 비싼 목걸이를 파티 종료 후에 잃어버리게 됩니다. 그로부터 오랜 시간 10년 동안 두 부부는 허드렛일을 하면서 그 비싼 목걸이를 장만하기 위해 돈을 모읍니다. 남편은 퇴근 후 매일 밤 또 다른 일감을 찾아 서류 일에 치여서 살아왔습니다. 아름다웠던 아내는 허드렛일을 마다하지 않고 빚 독촉에 시달리면서 일하였던 그 세월을 바칩니다. 덕분에 그 아름답던 미모도 잃고 폭삭 늙어버리고 말았습니다. 그렇게 모은 재산을 오로지 빚을 갚기 위해 저축하고 10년 동안 갖은 수모를 견딥니다. 악착같은 돈으로 똑같은 다이아몬드 목걸이를 사서 친구에게 되돌려 줍니다. 하지만, 친구에게 빌렸던 그 아름다운 목걸이는 가짜

모조품이었음이 밝혀집니다. 그 긴 세월 허송세월로 늙어버리기만 한 두 부부, 그 아내는 허탈하여 빈사 상태가 됩니다.

21세기 대한민국 우리 시대에서 이 두 작품을 빗대어 생각해 봅니다.

《귀여운 여인》의 모습은 아마도 남편에게는 이상적일지 몰라도 아내에게는 절대 있을 수 없는 청순가련형 순정파입니다. 요즘 시대에 아내는 남편과 독립된 삶을 운영하면서 스스로 운명을 개척하는 모습이 바람직하게 보입니다. 남편이 혹시 저세상으로 떠나가도 오늘날 아내의 모습은 당당하고 아름답게 자신의 삶을 이어가는 것이 바람직한 모습입니다. 부부 사이라도 서로에게 각자의 삶이 당당하기 위해 격려해 주는 것이 더 아름다운 오늘날 부부의 모습이라고 믿습니다.

《목걸이》의 여인, 마틸다 또한 그토록 오랜 세월 빚을 갚기 위해서, 친구를 배신하지 않기 위해서, 가난을 무릅쓰고 고생한 정직한 여성입니다. 그 아내와 함께 빚을 갚기 위해 10년을 고생한 그 부부는 퍽 애처롭습니다. 그렇게 정직하게 살 수 있을까? 의구심도 들게 됩니다. 솔직하게 친구와 딱한 사정을 이야기하고 해결책을 찾았으면 돈보다 보석보다 비싼 세월과 어이없는 노력이 줄었을 겁니다. 이 소설의 결말은 충격적인 가르침을 주는 것이 사실입니다. 젊어서 깃들어버린 빈껍데기 허영심이 늙어서까지 영향을 줄 수 있다는 겁니다. 행복할 수 있었던 중산층의 삶도 돈이 옥죄어 파괴할 수 있다는 점입니다. 한편 부부가 한마음으로 정직하게 열심히 살아온 그들의 착한 심성과 사랑의 힘을 공경하게 됩니다. 요즘 시대에는 어쩌면 벌써 파탄이 날 수 있었던 부부였는데요. 10년의 고행을 함께 이겨낸 부부의 사랑이 전해집니다. 그런 면에서 목걸이는 오늘날 힘겹게 살아가는 부부에게 주는 메시지가 큰 소설입니다.

《귀여운 여인》과 《목걸이》 두 작품은 각각, 여인의 삶, 부부의 삶에 대한 질퍽한 질곡의 세월들을 보여줍니다. 여주인공이 주인공인 작품이라는 공통점 이외에 여인의 고단한 삶, 현명한 삶도 보여줍니다. 문학의 힘은 중년에게 주는 커다란 위로입니다. 그 안에 어떻게 살아가야 하는지 해답을 갖게 하는 힘이 있습니다.

니코스 카잔차키스, 《그리스인 조르바》 : 영원한 자유인, 니코스 카잔차키스의 불멸의 고전

《그리스인 조르바》는 보헤미안적인 자유에 대한 해석을 내어놓았습니다. 자유에 열광하는 독자들에게 영원한 고전이 되었습니다. 고대 그리스 문명의 시민들은 자유를 위해서 부강해졌으나 로마제국 시대 이후로 자유를 잃고 속국이 되었지요. 그리스인 조르바는 고대 그리스 문명, 헬레니즘부터 그리스도교, 헤브라이즘까지 망라하는 소설입니다. 하지만 플라톤의 대화편처럼 쉬운 대사들로 이루어진 스토리가 우리에게 친근하게 다가오기도 합니다.

조르바는 스프링이 달린 고무 구두를 신고 있는 것처럼, 하늘을 날 것처럼, 혼자서 춤을 추었어요. 그는 그 자신이 종교였지요. "나는 오로지 나만 믿소."라고 고백하는 조르바! 그가 미친 듯이 추는 춤이 새처럼 중력을 허무는 것을 또 다른 주인공 젊은 책벌레 두목은 목격합니다. 처음에는 그를 멈추려 했지만 오히려 조르바, 그의 춤을 배우게 됩니다. 결론은 주인공, 니코스 카잔차키스 작가가 조르바의 종교에 빠지게 된 것이지요. 조르바의 종교는 '사람을 위한 것, 자유로운 인간 정신'을 위한 것이었습니다. 어떠한 종교에도 휘둘리지 않고 자신이 믿는 대로 자신의 삶이 가는 대로 믿게 되는 종교입니다. 어쩌면 한쪽에 매몰되지 않는 그러한 종교가 평범한 인간을 더욱 인간적으로 강인한 영혼으로 만듭니다. 나약하지 않은 자유로운 영혼이 유한한 삶을 최선을 다해 살아내게 하는 힘의 원천일 것입니다.

헤밍웨이, 《노인과 바다》 : 중년이여, 출항 준비를 하라

 중년이 되면서 도리어 《노인과 바다》의 산티아고 할아버지의 좋은 습관과 의지를 배우게 됩니다. 작은 실수는 하였고 각기 다른 실수도 반복할 때도 있었지만, 그것이 실패가 아님을 알게 됩니다. 그것은 성공을 위한 시험일뿐이었습니다. 끝내 성공할 수 있는 사람인지 아닌지 나이를 허물어 버린 운명의 시험이었지요.

 《노인과 바다》의 산티아고 노인은 80일째도 만선은커녕 허탕을 쳤습니다. 하지만, 포기하지 않고 81일째 다시 어부가 되었습니다. 산티아고 노인은 언제나 작살과 배를 곁에 두고 아끼었습니다. 날마다 출항 준비를 하였던 것입니다. 그에게 준비의 과정이 곧 그의 삶을 이어가는 힘이었고 그는 82일째 성공할 수 있었습니다.

 아직도 갈 길이 멀고 꿈을 꾼 것을 소망합니다. 이를 위해 실천할 것들이 너무 많은 길을 걷고 있습니다. 나이는 먹어가고 몸은 예전만 못합니다. 젊은 날 세상을 흔들 것 같았던 그런 열정의 포효가 노력 없는 객기였음을 깨닫습니다. 중년의 우리는 쉴 새 없이 출항의 준비를 해야 합니다. 그저 묵묵히 걸어가는 이 길에서 '산티아고 노인'의 마음과 행동을 배웁니다.

오 헨리, 《마지막 잎새》 : 중년이여! 스스로 무성한 잎새를 그려라

오 헨리의 《마지막 잎새》는 교과서에 실린 국민 소설입니다.

하나, 마지막 잎새 따위에 매달리지 말고,

둘, 죽는 것을 그렇게 쉽게 감상적으로 생각하지 말고,

셋, 마지막 잎새든 수십 개의 잎새는 타인과 바깥에 의존하지 말고 자신이 스스로 내면에서 무성한 잎새를 그려버려라… 이러한 교훈을 얻게 됩니다.

오 헨리는 가난한 화가들의 커뮤니티가 사는 동네에 폐렴으로 죽어가는 극한 사항을 만들었습니다. 그야말로 비관적인 삶의 극단으로 치달은 가난한 화가들이었지만, 오 헨리는 역설적으로 명작 그림을 그려서 화가들을 위로합니다. 희망을 이야기한 것이지요. 예술 작품이 우리 삶에 희망이 될 수 있다는 겁니다.

더불어 마지막 잎새 따위에 함부로 기죽지 말고, 심지어 죽음에도 절대 굴복하지 말라는 경고이지요. 슬프고도 애틋한 스토리입니다. 우리 인생의 마지막 잎새는 없어야 하겠습니다. 늦가을의 마지막 잎새들이 나무에서 떨어질 것인데요, 그 나무들은 잎새를 떨어뜨리고서 추운 겨울의 살을 에는 추위를 이겨내는 준비를 하는 겁니다. 마지막 잎새는 오

히려 어떠한 어려움과 시련에도 극복하려는 위대한 의지의 상징인 겁니다. 우리는 가을의 위대한 낙엽이 나무의 영양분이 되는 것을 깨달아야 합니다. 때때로 자연의 희생은 위대한 부활을 위한 것이라는 것을 알아야 합니다. 우리의 삶도 절대 포기하거나 굴복하지 않고 시련을 통해 더욱 굳세게 만들어 줄 것이라고 믿어야 합니다.

알퐁스 도데, 《노인들》 : 중년이여, 아름다운 노인을 준비하라!

알퐁스 도데의 《노인들》은 우리들의 모습입니다. 우리 시대에 던지는 부모 세대와 자식 세대, 손자 세대에게 보여줍니다. 잔잔하지만 감동적인 노인들의 삶은 가난하지만 진실한 생활이 애잔한 공명을 나눕니다. 고아가 된 남의 집 손자, 손녀를 키웁니다. 파리 도시 생활로 바쁜 손자를 늘 그리워하지요. 젊은이들에 대하여 얼마나 큰 애정을 베풀고 보여주는지 감명을 줍니다.

명절이 다가옵니다. 한 해의 가을 축제 같은 청명한 날씨 한가운데 민족 최대의 명절 휴일을 맞이합니다. 설, 추석에도 고향으로 돌아가지 못하는 우리들도 있고요, 그렇기에 부모에게 찾아오는 아들딸들이 눈에 선하게 됩니다. 노부모가

기다리고 있는 고향이지요. 고향집에서, 부모님 댁에서 한가위는 알퐁스 도데의 《노인들》처럼 그 오래 담가둔 술병을 간직하고 기다리고 있을 겁니다. 추석맞이 즈음하여 늙으신 부모님, 할머니 할아버지를 찾아뵙고 정다운 이야기를 나누고 싶어집니다. 잘 차려진 음식이 아니라 소박한 테이블이라도 옹기종기 모여서 살아가는 이야기들 정겹게 도란도란 나누고 싶어집니다.

10년 뒤에 우리 또한 서로 닮아버린 초로의 부부가 되어 자식들이 찾아와 주기를 기다리는 할아버지 할머니가 되어 있을 것이겠지요. 그때 그 설 명절, 한가위가 다시 오면 덕담 같은 좋은 이야기를 들려주고 싶습니다. "삶은 사랑을 베푸는 것이다."라고 실천하고 싶습니다.

문학의 힘은 삶에 가치가 상실되지 않도록 소환시켜 줍니다. 어려서 읽은 문학작품을 중년에 다시 읽으면 잊혔던 삶의 가치를 다시 한 번 채우게 되고 그 가치를 지켜가고 싶어집니다. 삶은 무대입니다. 우리 모두가 주인공이지요. 문학은 문학작품 속의 캐릭터에 우리들을 치환시켜 주는 무한한 무대를 제공합니다. 어떻게 살아야 할지? 우리는 그 무대에서 결정하게 됩니다. 인생 무대에서 실수하지 않도록 많은 지혜의 대사 지면을 문학작품 속에서 얻어갈 수 있게 됩니다. 문학작품을 통해서 중년의 우리 각자의 얼굴은 너새니얼

호손의 《큰바위 얼굴》이 될 것인지 아닌지 성장의 가늠자가 됩니다.

호프맨 작가

중년의 위로와 성장, 글쓰기

　누가 글쓰기를 통해서 무엇을 하려는가? 글쓰기가 무슨 소용인가? 묻는다면 이렇게 답하고 싶습니다. '나를 다스리고 나를 성장시키는 글쓰기는 무엇과도 바꿀 수 없는 중년의 치유와 위로'입니다.

　사람은 나이를 먹어가면서 인생을 돌아보게 되어 있지요. 후회하는 지난 세월을 돌아보면서 살아갈 날들을 바라보게 되어 있습니다. 어쩌면 후회하지 않는 삶은 없습니다. 지난 삶에 아무런 후회도 없다면 그렇게 완벽한 삶은 오히려 앞으로 살아갈 삶에 동력을 줄 수 없을 겁니다. 흥청망청 하루만 보고 살면 될 것이기 때문입니다. 하지만 우리는 후회를 갖고 있고 절망까지 얻었던 과거를 기억합니다. 다른 단어로 치환하면 슬픔과 고통의 기억을 갖는 과거의 시간들을 갖고 있습니다. 그런 시간들은 우리를 성장시켰습니다. 문제는 그러한 성장의 과정을 망각하는 사람들이 많다는 지점이 아쉽습니다. 문제는 그것을 승화시키지 못하고 묻어버리기에 다시 실수를 범하게 된답니다. 글을 쓰는 사람은 과거를 정제하여 승화시켜서 현재와 미래의 희망을 기록하는 사람이 될 수 있습니다.

글을 쓰는 사람은 문학가요, 철학가가 됩니다. 자신의 성장을 기록하고 자신이 쌓아온 깊이와 높이를 소중하게 다스려 가는 사람들이랍니다. 문학가만 문학 하는 것이 아니듯, 철학가만 철학 하는 것이 아니라고 믿습니다. 자신의 삶을 다스리는 사람들이 철학가의 면모를 갖게 되는 것이지요. 철학가는 도덕적으로 세상에 모범이 되도록 노력합니다. 또 세상과 인간의 삶에 대하여 지혜의 철학관을 제시하는 사람들입니다. 사람들은 그들의 글을 통해서 그 세계관을 편협하지 않은 따뜻한 시선으로 체계적으로 정리하게 됩니다. 우리가 자신의 삶을 글을 통해서 정리하고 기록하는 것은 철학하는 과정이요, 단련하는 길이요, 그렇게 좋은 글이 됩니다. 문학가만 글을 쓰는 것이 아니지요. 문인이라는 표현이 좋습니다. 잠을 자고 밥을 먹듯 글을 읽고 쓰는 것이 일상의 삶으로 살고 있는 사람입니다. 글을 언제나 곁에 두고, 평생 글공부를 하는 사람이 문인입니다. 소중한 중년의 삶을 글쓰기로 채워가세요. 치유, 위로, 사유하는 문인으로 살아갈 수 있음을 진심을 다해 제안합니다.

혼자 쓰는 글

  혼자 쓰는 글은 내면의 대화를 연습해야 합니다. 홀로 쓰는 글은 치유의 글입니다. 나 스스로 다스리게 되는 글이지요. 세상일이 그렇게 생각대로 되는 것이 아님에 절망하지 않도록 글쓰기가 용기를 줍니다. 글을 통해 스스로 나와 질의응답을 해보세요. 그러면 위로가 됩니다. 인류사의 모든 성인들, 위인들이 자신과 대화하라고 합니다. 마음을 채우고 마음의 근육을 키우라고 합니다. 내면이 풍부한 사람과 그렇지 못한 사람들의 차이점은 무엇인가 꾸준히 기록한다는 것이지요. 그것이 창작이나 예술로서 표현될 수 있고요, 우리 같은 보통 사람들은 글로서 내면을 기록합니다. 자신과 대화할 수 있는 사람은 스스로의 존재를 소중하게 성장시키는 사람입니다. 진심을 담은 글쓰기를 훈련하는 과정은 결국 지혜, 진리를 추구하고, 행복한 나 자신을 발견하고 수행하는 일입니다. 화가가 자화상을 그리는 것과 같은 원리입니다. 그 과정에서 중년에게 위로를 주는 글쓰기가 되어갑니다. 자신에게 치유가 되는 글쓰기는 타인에게도 행복한 바이러스로 전염될 수 있습니다. 글쓰기의 쓸모는 세상을 바꿀 수 있고 나를 바꾸는 일입니다.

함께 쓰는 글

여생을 문인으로 살고 싶어서 글을 쓰고 또 씁니다. 중년에 깨닫고 실천하는 나의 글쓰기는 내가 살아가는 방식이 되었습니다. 또 글을 어떻게 오래도록 쓸 수 있느냐고 묻는다면, 혼자 쓰지 말라고 답변하고 싶습니다. 연주는 혼자서만 하면 연습일 뿐 공연이 될 수 없습니다. 여러 사람이 함께 연주하는 협연이면 더 큰 감동이 됩니다. 그 협연을 감상하는 사람들이 있다면 그 감동은 배가 됩니다.

독서모임, 글쓰기 모임에서 매주 화상에서 만나고 매일 글쓰기를 나누는 글벗들이 있습니다. 글벗들의 가치는 꼭 에피쿠로스의 우정을 떠올리게 됩니다. 에피쿠로스의 정원에서 서로의 생각을 나누고 북돋아 주면서 더 큰 철학과 세계관으로 발전시키는 친구들, 그 우정들이 아름답습니다. 그 정원의 그들은 정신적 충만함을 위한 참된 우정이 주는 행복감이 인생에 주는 큰 위로 이상이라고 실천하였지요. 2,400년 전 그들처럼 서로에게 영감과 힘이 되는 벗들, 글을 통해서 서로의 글감들을 공감합니다. 경험과 사유의 결이 같거나 다른 작가님들의 글의 전개에 더 큰 영감과 동기부여를 자극받게 됩니다. 생각의 시선이 다른 글 벗 친구들도 좋습니다. 그분들과 함께 글쓰기를 교류하면 글은 혼자 쓰는 것이 아닙니다. 독주는 힘겨운 작업입니다. 다른 음색의 악기들이 함께 연주하면 더 큰 공명이 되고 조화롭게 됩니다. 함께 쓰는 글은 비발디의 사계와 같은 실내악 연주도, 말러 교향곡의 웅장한 공연도 될 수 있습니다.

인문학적인 글

열심히 일한 당신, 중년의 위로를 위한 마지막 제언입니다. 인문학적인 글을 쓰는 작가가 되고 싶습니다. 왜 그러한지 저의 깊은 고민에서 답변 드립니다. 글을 쓰는 작가로 여생을 살기로 결정한 이후로 작가로서 모자람에 대한 회의와 자신감 결여로 고민이 많았습니다. 그러한 고민의 깊은 터널에 빛이 들어오게 되었지요. 마침내 나의 문장, 나의 글을 생동감 있게 탈바꿈할 수 있는 것을 인문학의 바다에서 건져내게 된 겁니다. 이는 고대로부터 지난 수천 년간 위인들, 철학가들, 작가들의 문장과 그들의 작품에서 녹아들어 있는 글쓰기 기법입니다. 비밀의 글쓰기 비법도 아니고 이미 노출되어 있는 집필 능력의 한 가지로 내려오는 전통입니다. 인문학의 고전에서 인류에게 감동을 주는 명문장을 직접 인용하거나, 간접 인용을 통해서 글에 생명력을 돌게 하는 기술입니다. 인용을 잘 활용하면 운문이 되고 글의 깊이와 권위가 주어집니다. 하지만, 무조건적인 인용이 아니라 저자, 작가의 깨달음이 들어가 있어야 합니다. 그러한 깨달음은 통찰에서 비롯된 것으로 인문학 고전의 다채로운 지혜들과 버무려지면서 좋은 향기를 낼 수 있습니다.

플라톤의 대화편에서 《소크라테스의 변론》은 법정 드라마 같은 긴장감이 있습니다. 동시에 소크라테스는 판사들, 우매한 민중들에게 날카로운 지적을 서슴지 않습니다. 이러한 소크라테스의 확신은 독자들에게도 정의에 대한 지혜를 품게 합니다. 그러한 확신으로 현재 2024년 말, 2025년 상반기 어지러운 정치 상황을 객관적으로 바라보게 됩니다. 과연 민주주의에서 지혜로운 지도자들이 없다면 다수의 횡포로 변질될 수도 있는가? 우리 시대에 선한 영향력의 비평문을 써 볼 수도 있게 되는 것이 인문학적인 글입니다.

고대 그리스 패권 시대의 페리클레스는 위대한 아테네의 민주주의를 지지하는 지도자였습니다. 페르시아 전쟁에서 승리한 아테네를 더 견고한 반석 위에 올려놓으려는 그의 노력은 많은 반대파들의 공격이 있었습니다. 하지만, 위대한 영도자, 페리클레스는 그들의 시위와 비판에도 불구하고 대꾸하지 않고 묵묵히 그의 비전을 실천하였습니다. 과연 30년 그의 집권 기간 아테네는 최강국이 되었습니다. 죽은 사람들을 위한 그의 연설문에서 그는 진정한 동포애와 더불어 아테네의 나아갈 길에 대하여 지도자의 비전을 제시합니다. 그의 연설문을 들은 아테네 사람들뿐만 아니라 오늘날 그 글을 읽는 현대인들 모두 감동을 받습니다. 2,500년이 지난 오늘날까지 고전으로 남아 있는 명문장들이 우리들에게 깊은 영감과 통찰력을 가르칩니다.

좋은 글은 그렇게 '이 시대를 나와 우리가 어떻게 살아갈 것인지 묻고 답할 수 있는 살아있는 힘'이어야 합니다. 인문학적인 글은 그렇게 고전으로부터 오는 엄청난 지혜의 힘을 현대적인 언어로 암호를 풀어 재해석하는 역할을 합니다. 중년들은 그렇게 인문학을 공부하는 많은 이유들을 만나게 됩니다. 작가로서 글을 쓰기 위해서도, 또 여생을 더 알차고 보람된 가치로 무장하면서 실천하기 위해서, 인문학 공부와 글쓰기는 위로와 치유 이상의 역할을 할 수 있다고 믿습니다.

인문학적인 글은 세계 시민으로서 보편적인 감동의 언어를 공감하게 해줍니다. 작가로서 최고의 경지는 인문학적인 글을 공부하면서 얻어질 수 있음을 깨닫게 됩니다. 행복한 중년을 위한 럭셔리 여행티켓을 구매하세요. 글쓰기와 인문학적인 공부에 방점을 찍고 싶어지는 이유들입니다.

에필로그

고대 그리스 시대부터 현재까지 인문학은 위대하고도 품격 높은 향기를 풍겨왔다. 그 향기를 흠뻑 맡으며 삶의 지혜로 만들어 가고 싶은 바람이 자연스레 모여 인문학향기충전소 카페가 만들어졌다. 꿀벌이 꽃향기를 맡고 날아오듯 8명의 인문학을 사랑하고 실천하는 작가님들이 매주 금요일 저녁 온라인으로 모여 책을 읽고 친목도모 타임을 가졌다. 단순히 책만 읽고 후기 나누기를 넘어, 돌아가면서 미니강연도 했다. 철저히 준비해 사춘기 소녀처럼 콩닥거리는 마음으로 더듬더듬 강연을 하면서 우리 작가님들은 점점 프로가 되어갔다. 고대 그리스 철학, 세계 지리, 자기계발, AI, 감성 소설

등 매주 다채로운 인문학 서적으로 금요일 카페는 풍성한 식탁이 차려졌다. 나는 인간의 내면과 사회를 탐구하고 이해하는 유발 하라리의 《사피엔스》나 빅터 프랭클의 《죽음의 수용소》 같은 책을 좋아하고 있었다는 사실을 발견했다. 함께 즐거운 역사를 써온 작가님들께 연말에 감히 상을 드리고 싶었다. 작가님들의 특징을 드러내는 시상식으로 한바탕 웃으며 한 해를 마무리했다. 이 책은 중년으로 살아가는 우리가 인문학을 배우고 실천하면서 성찰한 것을 같은 세대들에게 공감과 위로의 메시지를 보내고 싶어 기획하게 되었다.

해외에서 근무하며 좋은 모임을 만들고 이끌어 주는 호프맨 작가님, 늦깎이 중년으로 숲해설가로 활동하면서 글쓰기에 열중하는 할수 작가님, 정리 정돈이 필요한 사람에게 따듯한 손길과 함박웃음을 선물하는 도우너킴 작가님, 상냥함의 천재로 서울과 부산을 오가며 글을 쓰는 숨숨북 작가님, 아침 일찍 산책길에 초긍정 에너지 글을 올리는 부지런한 메이퀸 작가님, 딸들을 위해 먼저 공부하고 여행을 좋아하는 톡톡 개그 만점의 채코 작가님, 생성형 AI 강사로 중년도 얼마든지 배우고 시대를 앞서갈 수 있다고 생각을 일깨워 주는 젊은 이미루 작가님, 개성 넘치고 멋진 일곱 분의 작가님들과 공동 저서를 내게 되어 깊이 감사드린다. 그리고 내 멋대로 진행하며 작가님들과 소통하는 나, 쥬디 작가에게도 "수고했어." 말하고 싶다.

　인문학에서 깨달은 지혜는 살아가는 그날까지 은은한 향기로 우리를 감싼다. 우리 인문학향기충전소는 에너지가 필요할 때 찾아오는 향기로운 카페로, 열심히 살아온 당신을 위해 언제나 문을 활짝 열어놓고 있다.

아름다운 자연, 아름다운 인생,
아름다운 가정
사람은 누구나
아름다운 것을 동경하지만
자기 안에 틀어박혀 있으면
그 아름다움은 얻을 수 없다
자기만을
바라보고 있어도 만들 수 없다
사람과 사람과의 '더 좋은 교제'
지역사회와의 '마음 풍부한 교류'
자연과의 '친환경적인 관계'
이들을 향해 노력하는 속에
자신도 또한

아름답게 성장한다

– 〈사계의 격려〉, 이케다 다이사쿠

– 문현주(쥬디) 작가

나의 중년은 청춘보다 아름답다

초판 1쇄 발행 2025. 3. 28.

지은이 이미루, 문현주(쥬디), 양진화(숨숨북), 김혜경(도우너킴), 문영옥(메이퀸),
　　　　　이효진(채코), 최정희(할수), 호프맨 작가
펴낸이 김병호
펴낸곳 주식회사 바른북스

편집진행 황금주
디자인 김민지

등록 2019년 4월 3일 제2019-000040호
주소 서울시 성동구 연무장5길 9-16, 301호 (성수동2가, 블루스톤타워)
대표전화 070-7857-9719 | **경영지원** 02-3409-9719 | **팩스** 070-7610-9820

•바른북스는 여러분의 다양한 아이디어와 원고 투고를 설레는 마음으로 기다리고 있습니다.
이메일 barunbooks21@naver.com | **원고투고** barunbooks21@naver.com
홈페이지 www.barunbooks.com | **공식 블로그** blog.naver.com/barunbooks7
공식 포스트 post.naver.com/barunbooks7 | **페이스북** facebook.com/barunbooks7

ⓒ 이미루, 문현주(쥬디), 양진화(숨숨북), 김혜경(도우너킴), 문영옥(메이퀸),
　이효진(채코), 최정희(할수), 호프맨 작가, 2025
ISBN 979-11-7263-270-0 03190

•파본이나 잘못된 책은 구입하신 곳에서 교환해드립니다.
•이 책은 저작권법에 따라 보호를 받는 저작물이므로 무단전재 및 복제를 금지하며,
　이 책 내용의 전부 및 일부를 이용하려면 반드시 저작권자와 도서출판 바른북스의 서면동의를 받아
　야 합니다.